FINAL FANTASY®

GUITAR SOLO COLLECTION

ファイナルファンタジー●ギター・ソロ・コレクション

Selected by Original Soundtrack FINAL FANTASY I~X

Music by Junya Nakano, Masashi Hamauzu and Nobuo Uematsu
Guitar Arranged by Nobuyuki Hirakura

TAB譜付

FINAL FANTASY®

GUITAR SOLO COLLECTION

ファイナルファンタジー●ギター・ソロ・コレクション

Selected by Original Soundtrack FINAL FANTASY I~X

Music by Junya Nakano, Masashi Hamauzu and Nobuo Uematsu
Guitar Arranged by Nobuyuki Hirakura

新たなるFFワールドへようこそ。

時に情熱的に、時にロマンティックに･･･。
ギターの響きは他の楽器にない表現力があります。

ゲームの楽しさもさることながら、単なるBMGにとどまらないファイナルファンタジーの音楽を
ギター演奏用にアレンジしてみました。

ファンの方にはお馴染みの曲ばかりですが、代表曲を中心にギター演奏向けにバラード風の曲をセレクトしました。
原曲の雰囲気を出来るだけ壊さないようにアレンジし比較的楽に演奏できる譜面にしてあります。

貴方の演奏レパートリーにFFワールドを加えてみてください。

●アレンジャー紹介●

平倉信行（ひらくらのぶゆき）

'81年、第24東京国際ギターコンクール[日本ギター連盟主催]本選入賞。
クラシック・ギターを追求しながら、アメリカン・スタイルのギター、ジャズ・ギター及び理論を田中昌樹氏に師事。
'90年、ミュージカル『屋根の上のヴァイオリン弾き』ワールドツアーに参加。'91年、バーンスタイン追悼演奏会/二期会オペラ『セヴィリアの理髪師』に出演。
『ドゥーズ・コルデ（12本の弦）』というギター・デュオを結成し、ブラジルのショーロ、ピアソラタンゴのレパートリーを持ち、コンサート、ＴＶ、ラジオ等で活動中。
『Douze Cordes』、『ピシンギーニャに捧げる一輪の薔薇』のCDを発表している。
'97 年、ボタン式アコーディオン奏者・伊藤浩子のグループに参加し、フランスのミュゼット等を演奏。
'00年、現代ギター社の招集したJポップ編曲集団『Jポッパーズ』のメンバーとしても活動中 。

CONTENTS

オープニング・テーマ

from FINAL FANTASY I

店

from FINAL FANTASY I

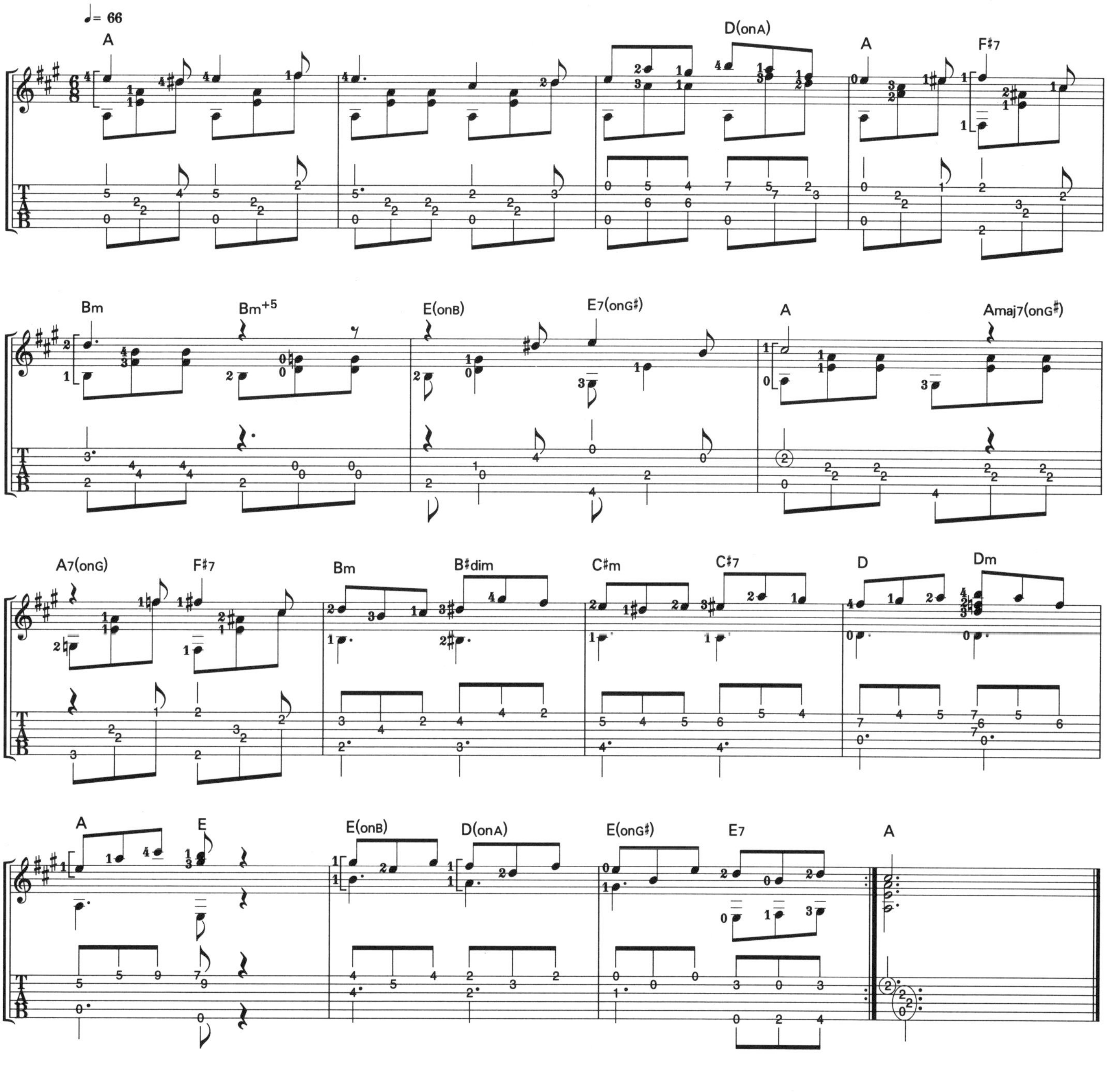

エンディング・テーマ

from FINAL FANTASY I

C
G7
C
G(onB)
C(onB♭)
F(onA)
Fm(onA♭)
F(onG)
G7(onF)
C(onE)
E(onB)
Am
Em
to
F
C
B♭maj7
Am7
Am
E(onB)
Am
Em
F
C
B♭maj7(onF)
Dm7
G7
D.S.
Coda
C

勝利

from FINAL FANTASY I

街

from FINAL FANTASY II

チョコボのテーマ

from FINAL FANTASY II

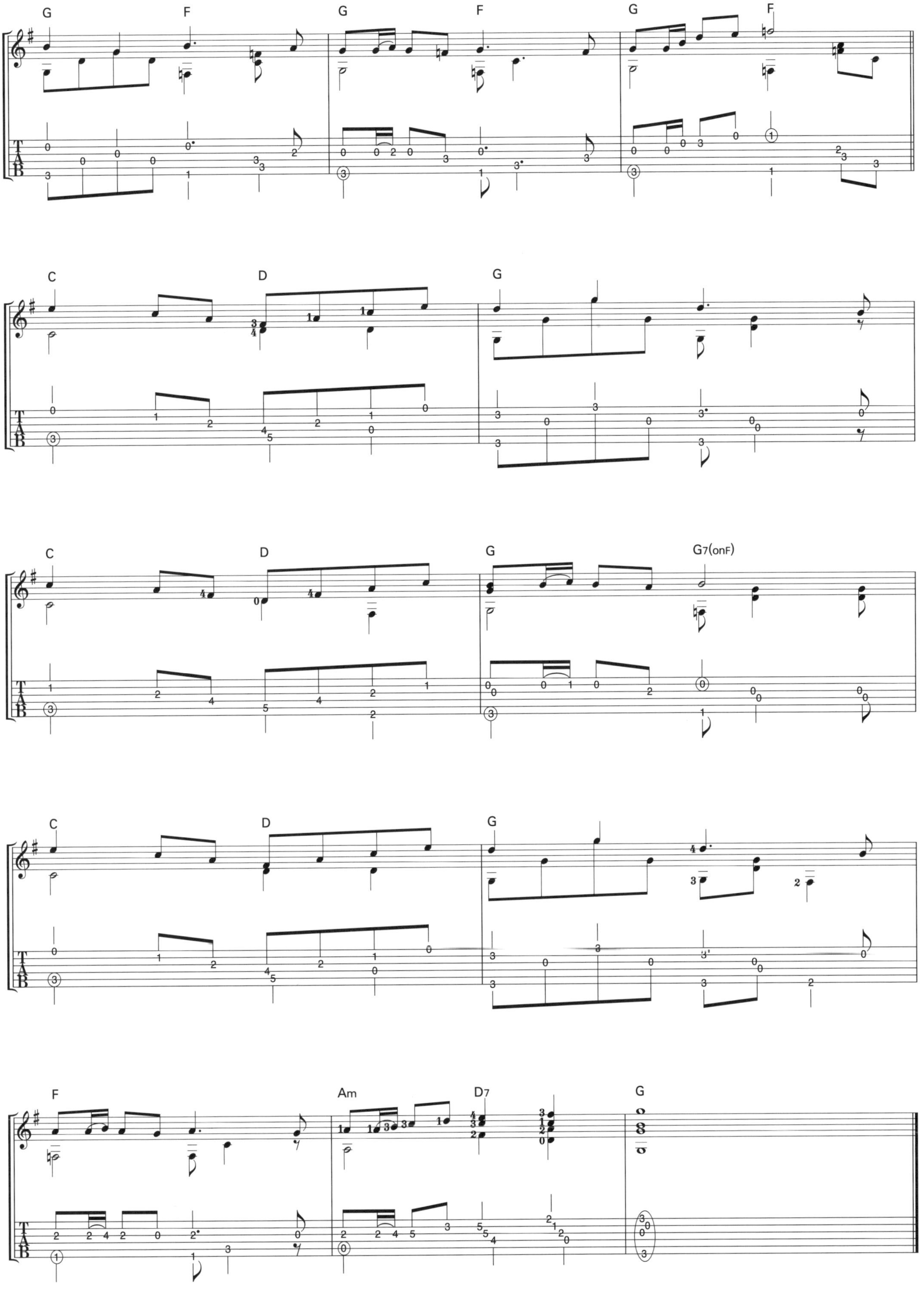

G F G F G F
C D G
C D G G7(onF)
C D G
F Am D7 G

フィナーレ

from FINAL FANTASY II

D B7(onD♯) Esus4 E7 D E C♯m F♯7
G Bm(onF♯) Esus4 E7(onD) A D C♯m F♯m
D C♯7 F♯m7 D E7 A E(onG♯) Em6(onG) F♯m B7
E7 A E(onG♯) Em6(onG) F♯7 Bm F♯7(onC♯) Bm(onD) E7
A E(onG♯) Em6(onG) F♯7 Bm F♯7(onC♯) Bm(onD) E7 A E(onG♯)
Em6(onG) F♯7 Bm F♯7(onC♯) Bm(onD) E7 A

故郷の街ウル

from FINAL FANTASY III

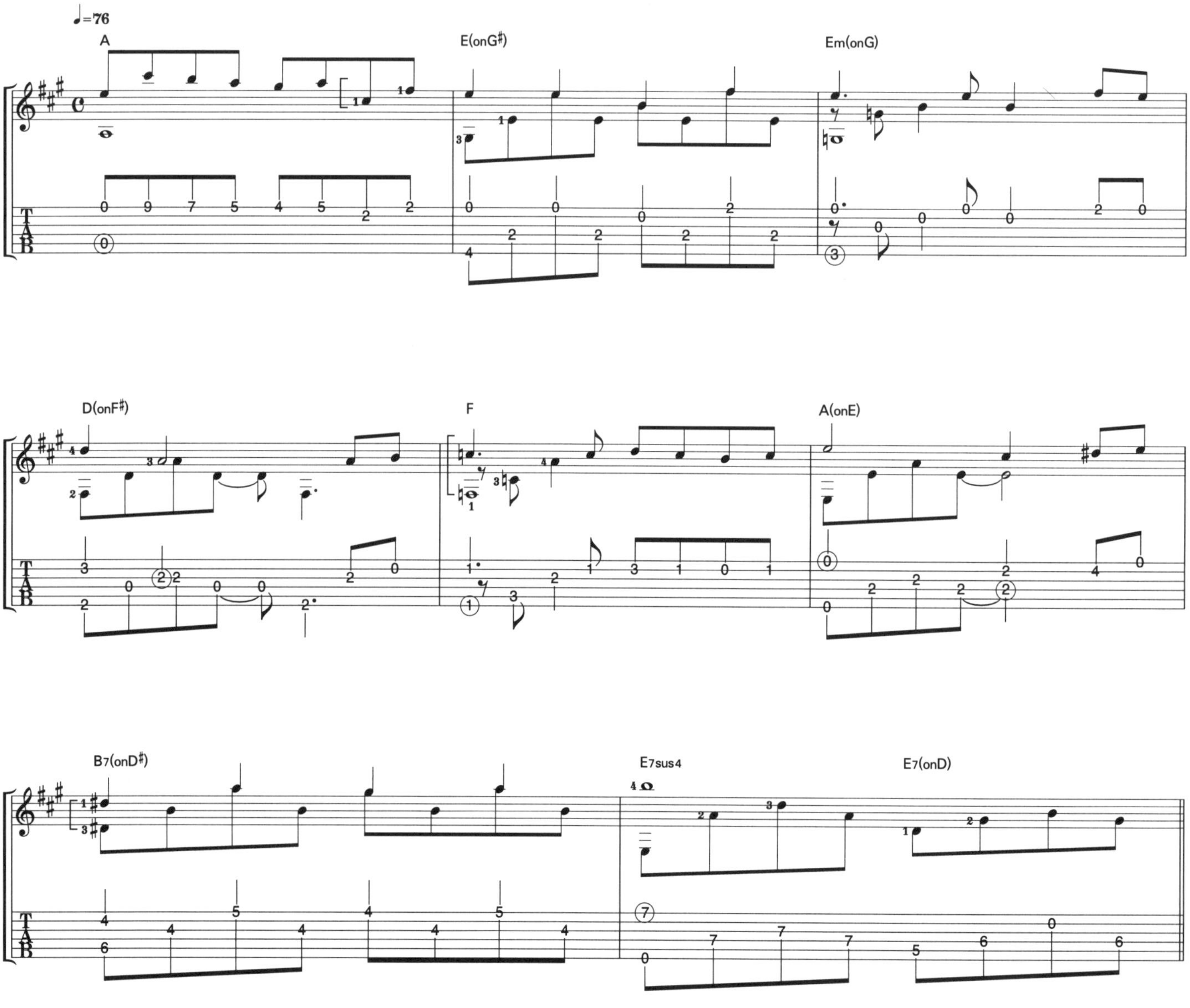

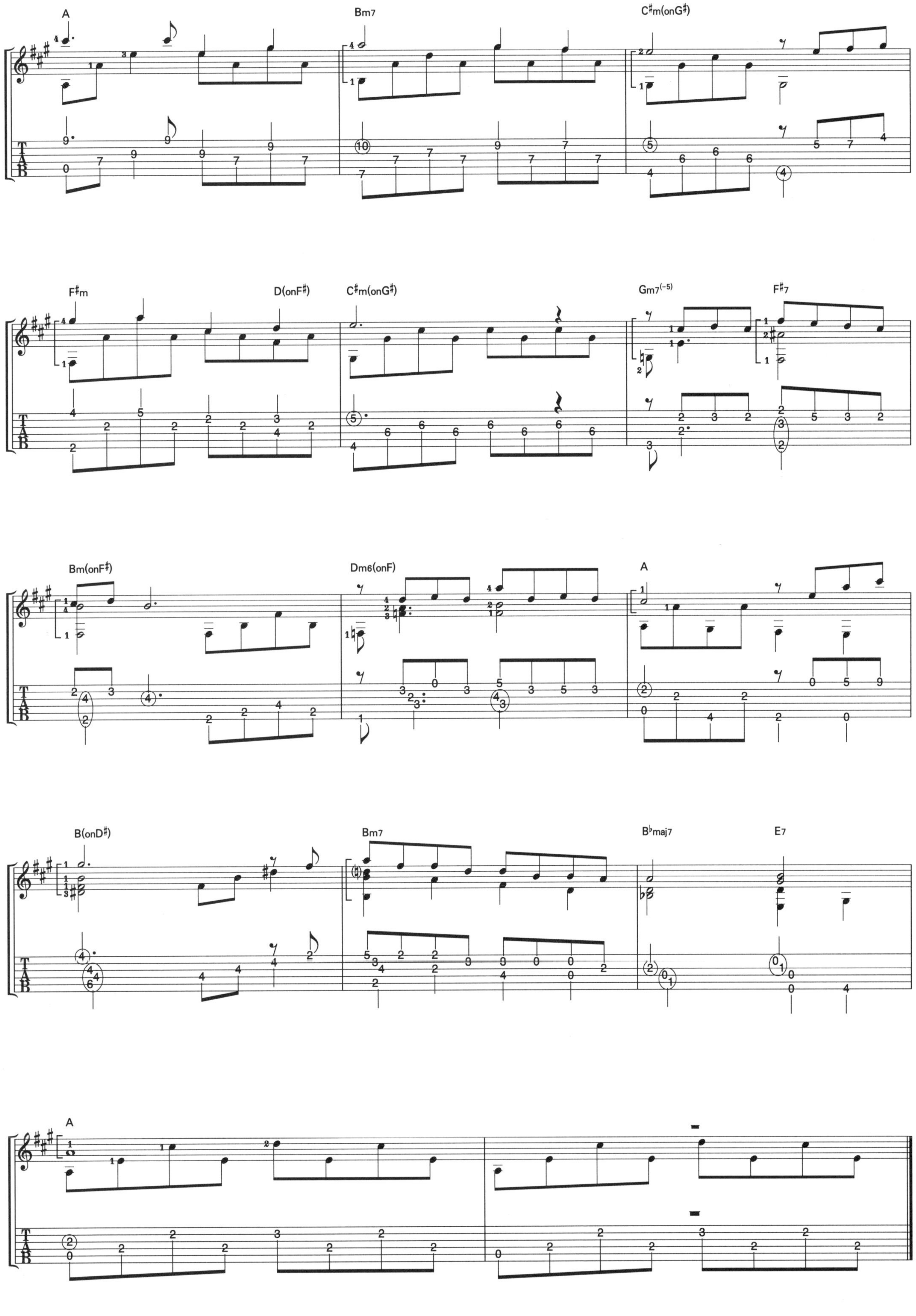
A
Bm7
C♯m(onG♯)
F♯m
D(onF♯)
C♯m(onG♯)
Gm7(−5)
F♯7
Bm(onF♯)
Dm6(onF)
A
B(onD♯)
Bm7
B♭maj7
E7
A

小人の村トーザス

from FINAL FANTASY III

A
Bm
D
E
Bm
D(onA)
E(onG♯)
to Φ
D
E
D(onF♯)
E(onG♯)
A
D
E
Bm7
C.4
E
D.S.
Φ Coda
A

古代人の村

from FINAL FANTASY III

街のテーマ

from FINAL FANTASY IV

愛のテーマ

from FINAL FANTASY IV

Em9
A7
F#m7
Bm7
Em7(9)
A7
Bm
Gmaj7
A7(onG)
F#m7
Bm
A
G
Fdim
F#
1.
A
2.
Bm

哀しみのテーマ

from FINAL FANTASY IV

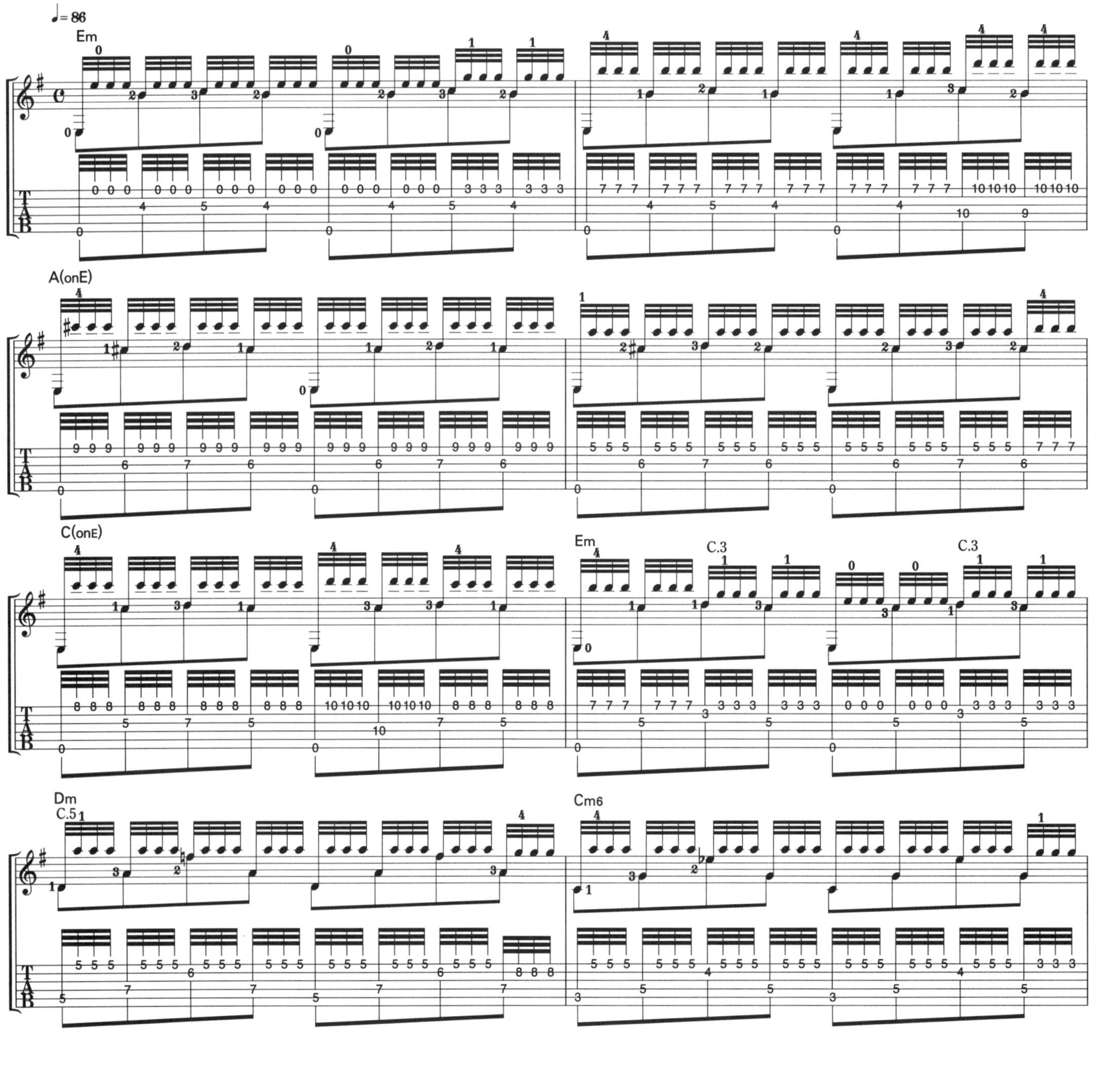

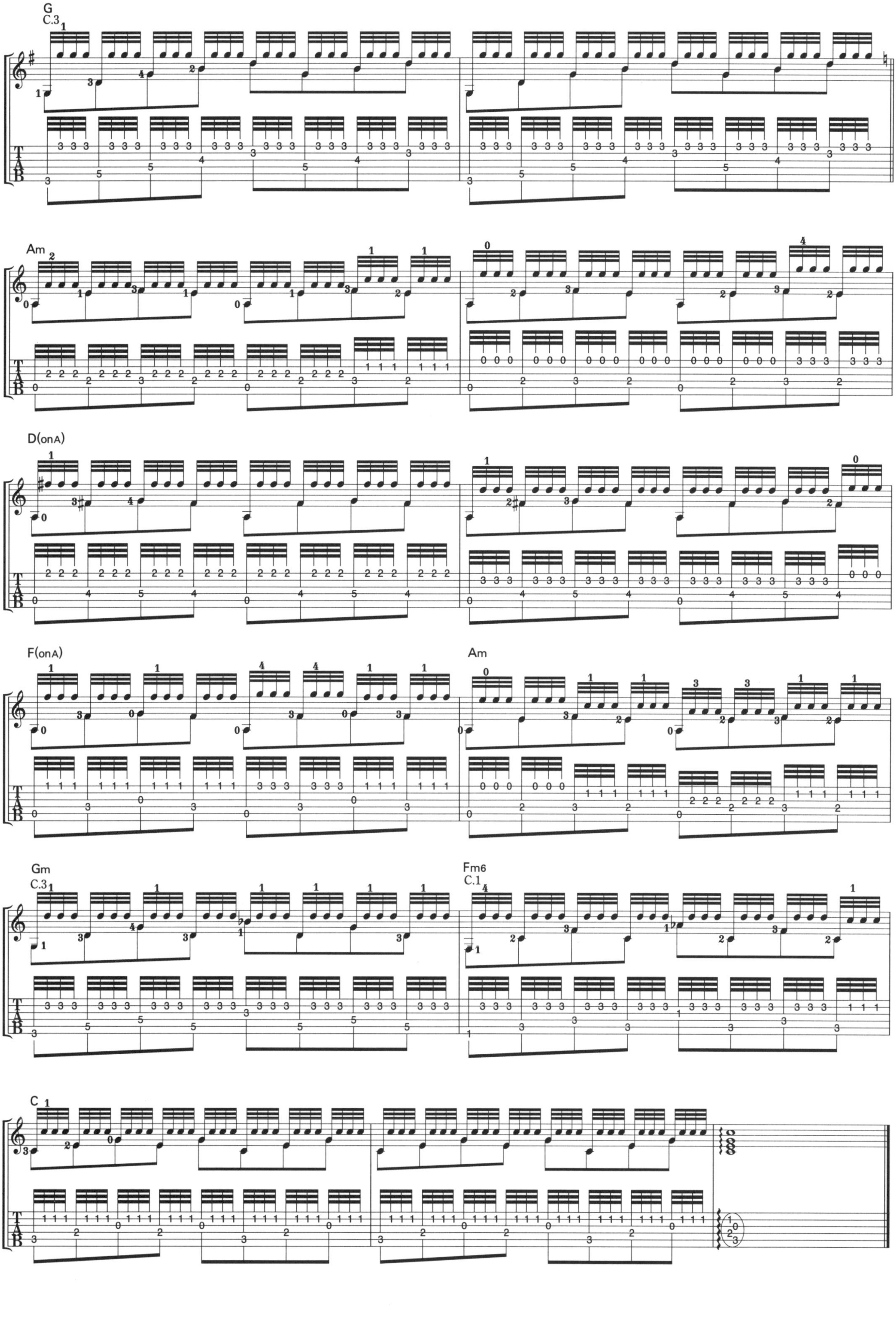
G
C.3
Am
D(onA)
F(onA)
Am
Gm
C.3
Fm6
C.1
C

ギルバートのリュート

from FINAL FANTASY IV

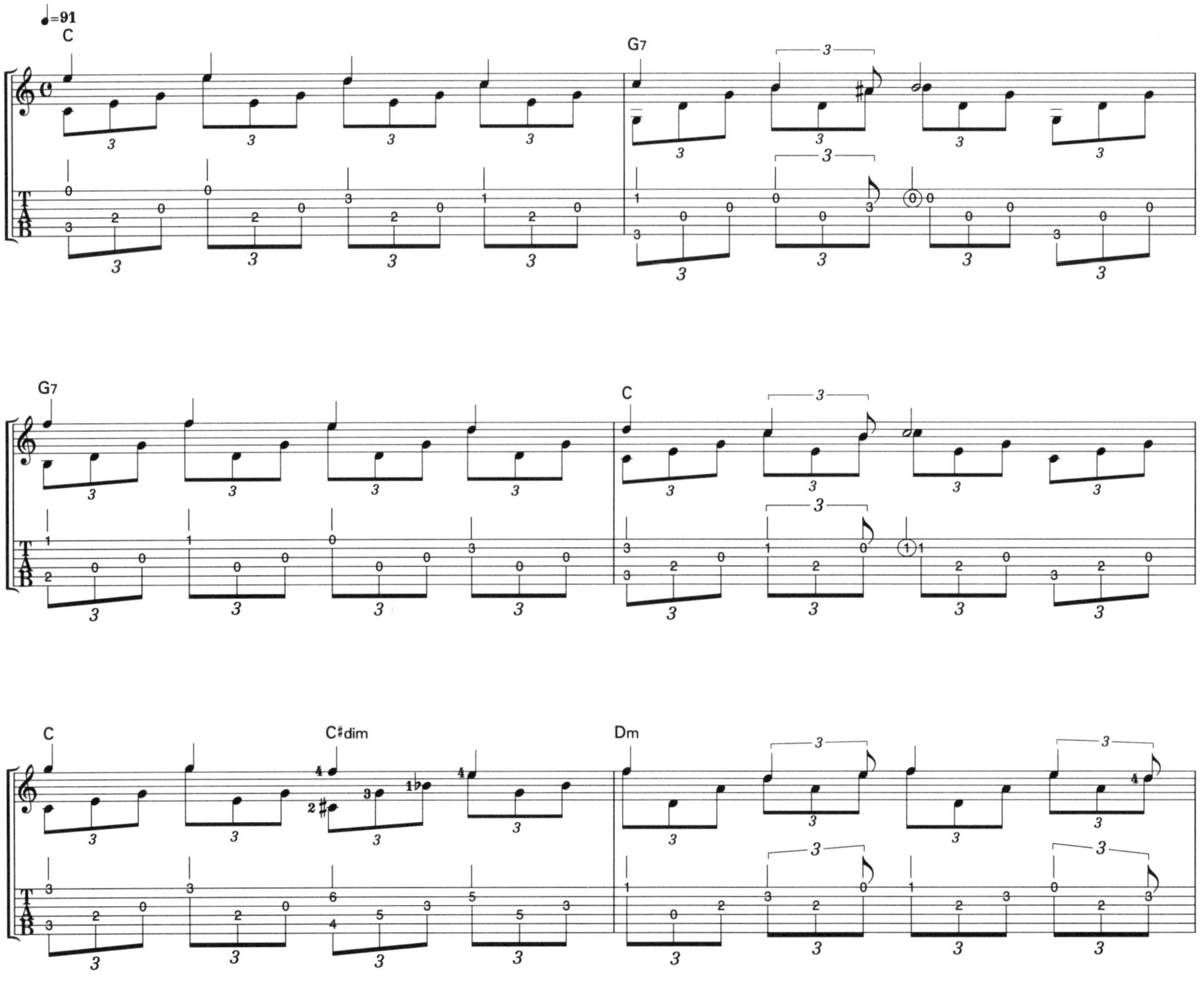

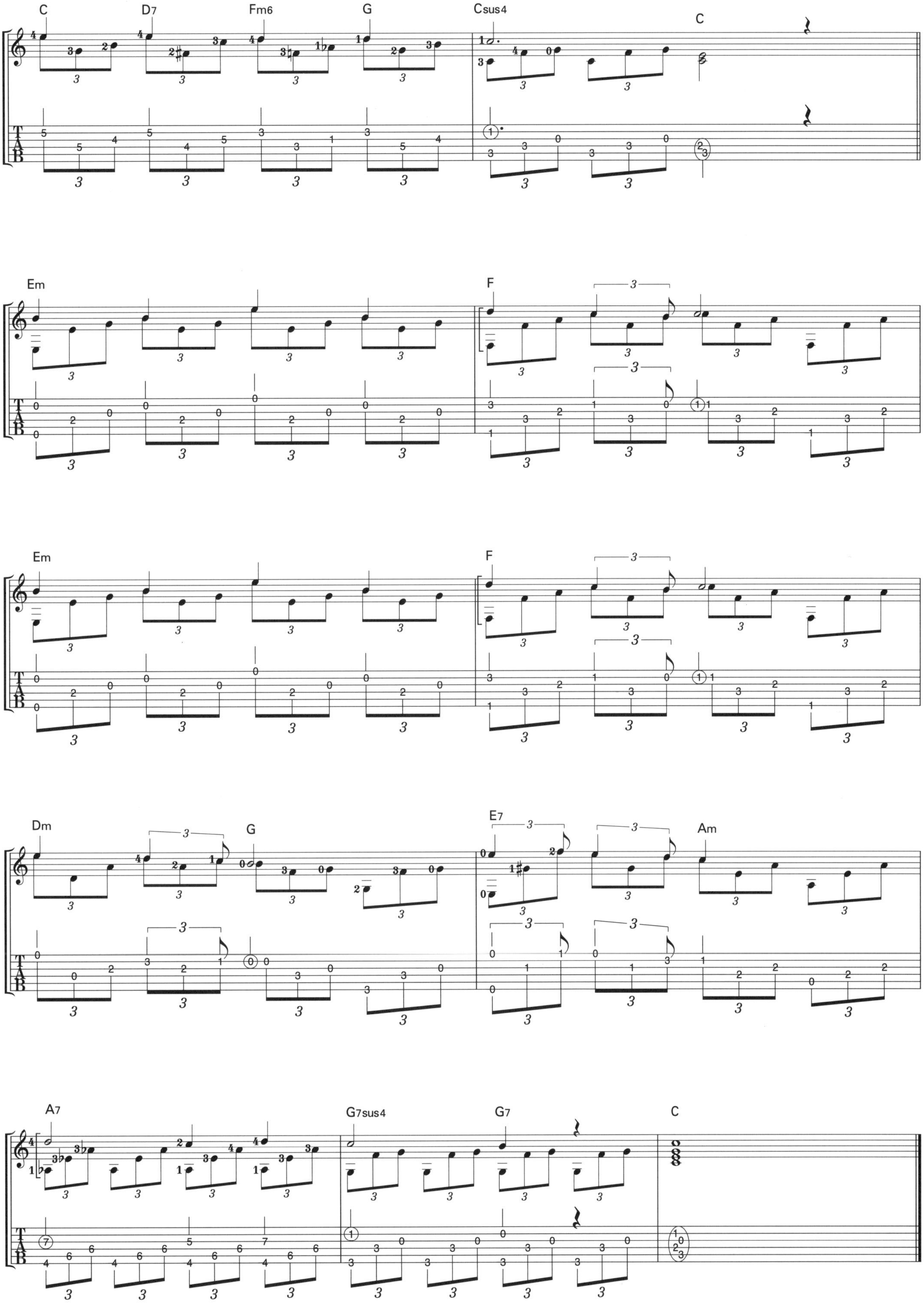
C
D7
Fm6
G
Csus4
C
Em
F
Em
F
Dm
G
E7
Am
A7
G7sus4
G7
C

少女リディア

from FINAL FANTASY IV

いつの日かきっと

from FINAL FANTASY V

レナのテーマ

from FINAL FANTASY V

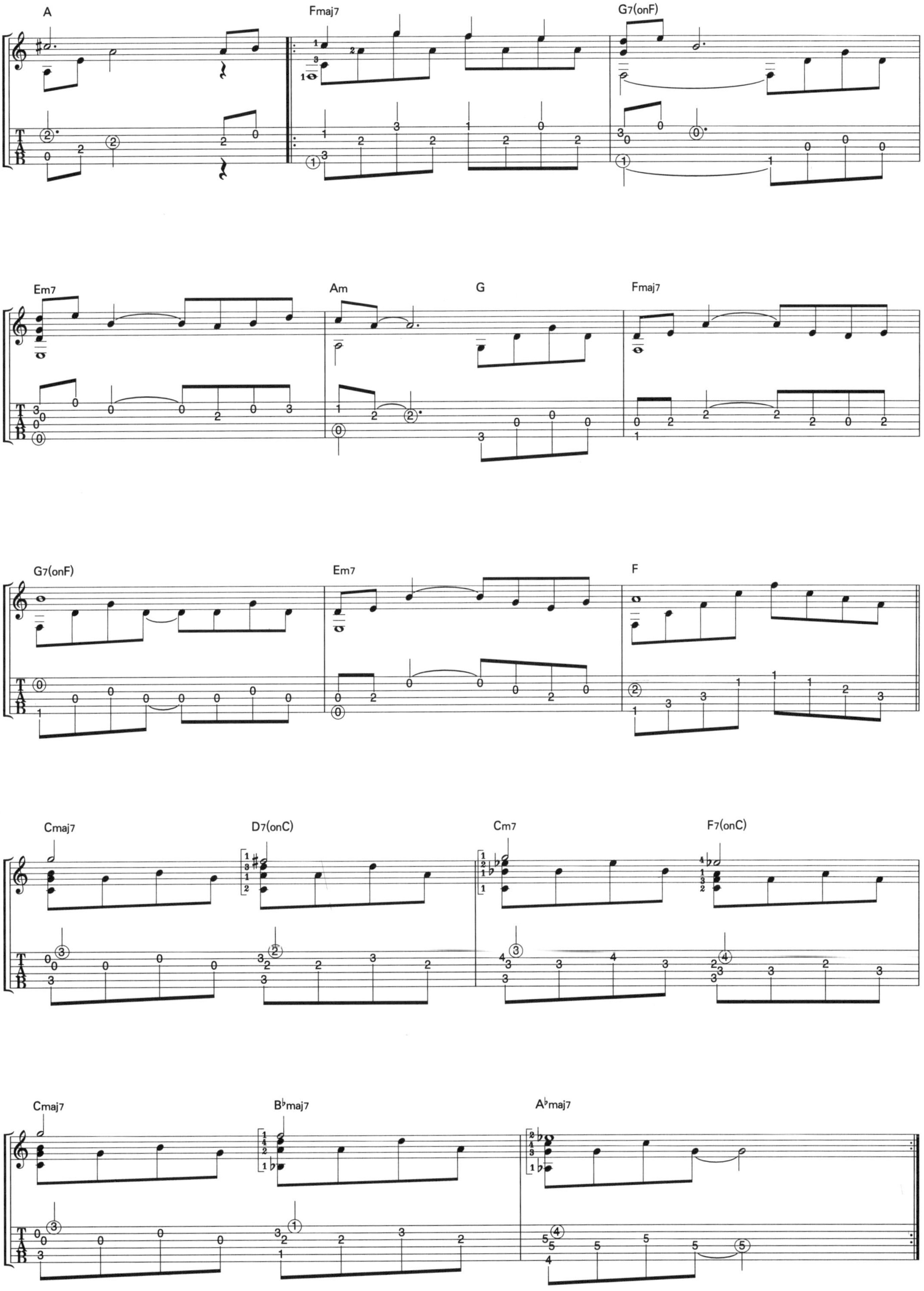
A
Fmaj7
G7(onF)
Em7
Am
G
Fmaj7
G7(onF)
Em7
F
Cmaj7
D7(onC)
Cm7
F7(onC)
Cmaj7
B♭maj7
A♭maj7

街のテーマ

from FINAL FANTASY V

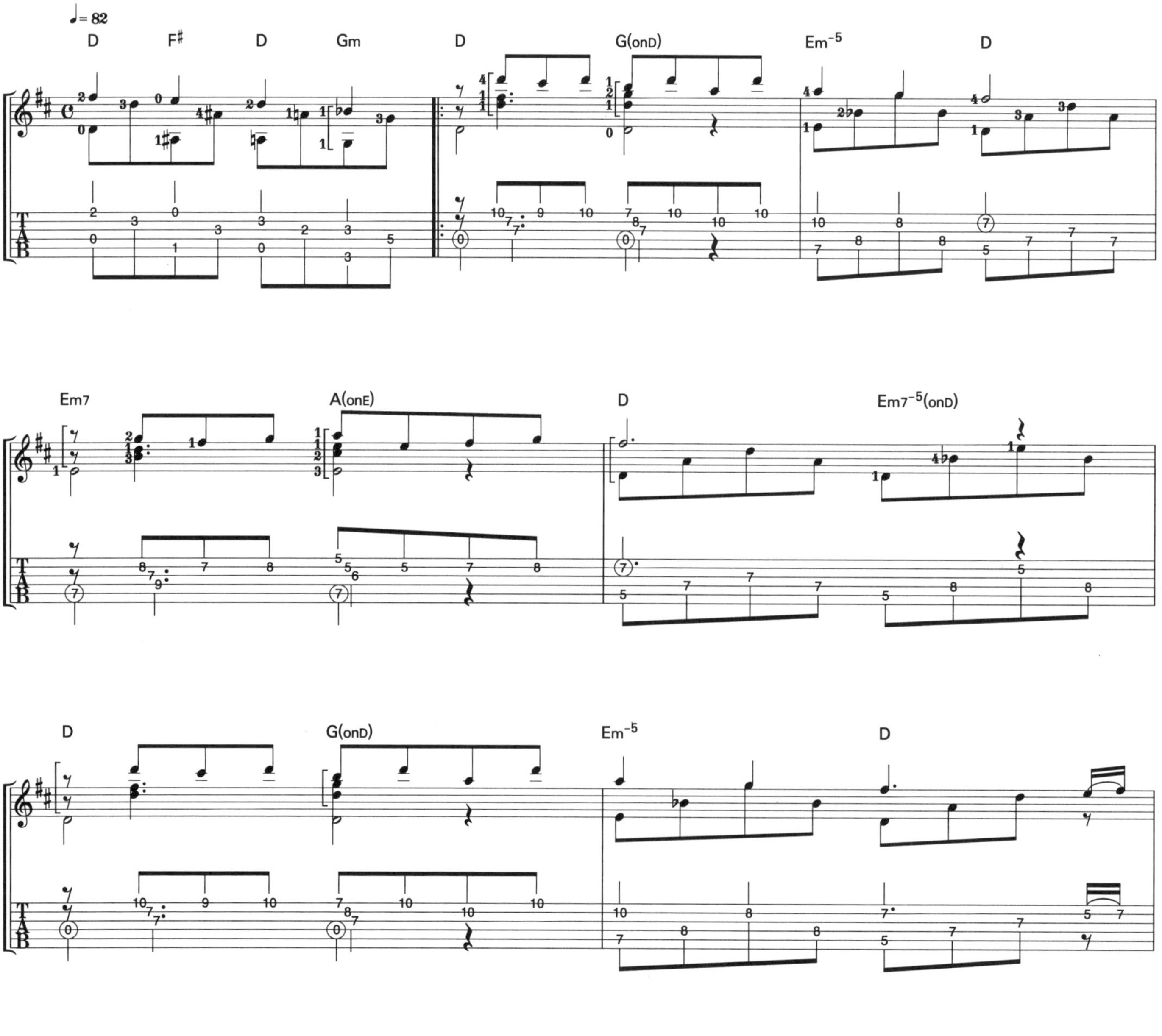

Em7
Em7-5
Gmaj7
D
F♯7(onC)
F♯m7-5
B7
G
Em7-5
D
Bm
Gm7-5
E6(onG♯)
G
A7(13)
A7+5
D
G(onD)
D
Gm(onD)
D
G(onD)
D
Gm(onD)
Repeat & F.O.

離愁

from FINAL FANTASY V

Em
Cmaj7
Am6
B7
Cmaj7
Cmaj7
Am
Bm
C
B7
Am
B
Cmaj7
Harm.12
Harm.12

親愛なる友へ

from FINAL FANTASY V

2.
F
A
E(onG♯)
D(onF♯)
E7
A
D♯dim
Esus4
E
D
E7
A
F♯7
Bm
A
E7
A
E(onG♯)
D(onF♯)
E
A
B7(onA)
E
F♯7
Bm
E7
A
F♯m
A(onE)
B(onD♯)
D
E
D(onA)
E(onG♯)
A
Bm7(onA)
A
Bm7(onA)
A
Bm7(onA)
A
Bm7(onA)

Awakening

目覚め

from FINAL FANTASY VI

Am
Em
Am
Em
C
G
F
Dm
Am
Em9
Fmaj7
Em9
1.
Fmaj7
2.
Fmaj7

Cefca

魔導士ケフカ

from FINAL FANTASY VI

Am
F
E
tr
Am
Am
F
C.8
C.7
C.8
F
E
tr
Am
mute
E7
Am
mute
E7
Am
Am(onC)
E7(onB)
Am
Am7(onG)
Fmaj7(onC)
1.
F7(onC)
2.
F7(onC)

Gau

ガウのテーマ

from FINAL FANTASY VI

F♯m
C♯m
A (onC♯)
B7(onC♯)
B7(onD♯)
C♯
A
C♯m
F♯m7
B7
E
Bm
Bm7(onA)
G
A
D♯m7(−5)
C♯m
B
A
C♯m
B
F♯m7
C♯m(onG♯)
A
B7
C♯
1.
2.
C♯

Coin Song

運命のコイン

from FINAL FANTASY VI

D
Esus4
C
F♯
Bsus4
B
Fine
Em
Bm
Am7
Em
Em
Bm
Cmaj7
B♭maj7
Esus4
E
F♯sus4(onC♯)
F♯(onC♯)
D.C.

Forever Rachel

永遠に、レイチェル

from FINAL FANTASY VI

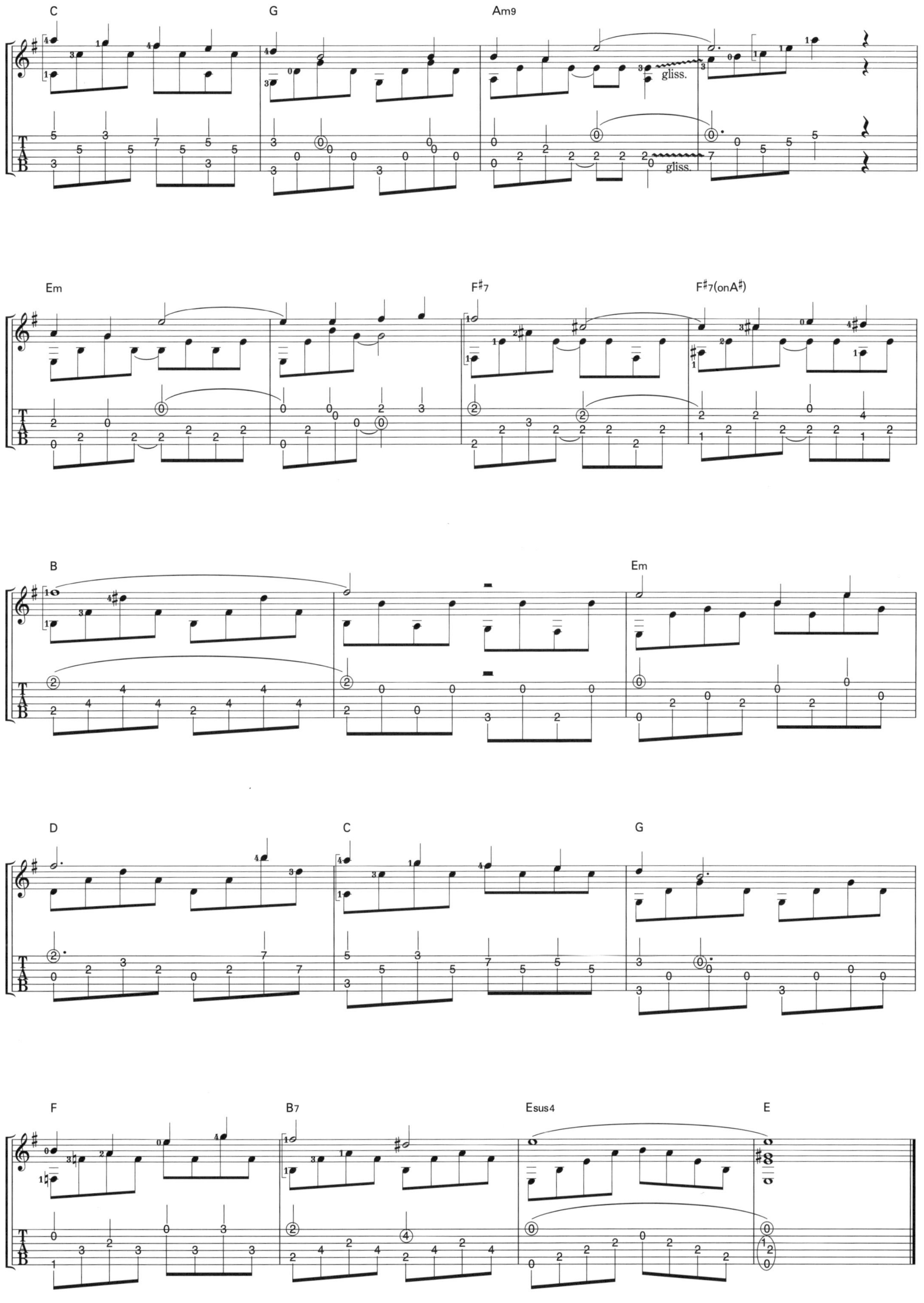
C
G
Am9
gliss.
gliss.
Em
F♯7
F♯7(onA♯)
B
Em
D
C
G
F
B7
Esus4
E

Shadow

シャドウのテーマ

from FINAL FANTASY VI

Aria Di Mezzo Carattere

アリア

from FINAL FANTASY VI

Am(onE)
G
F♯7sus4
F♯7
Bm(onF♯)
D7
♩=75
G
Bm
C
Bm
Am
G
1.
F♯7sus4
F♯7
Bm
D7
2.
D7
Em

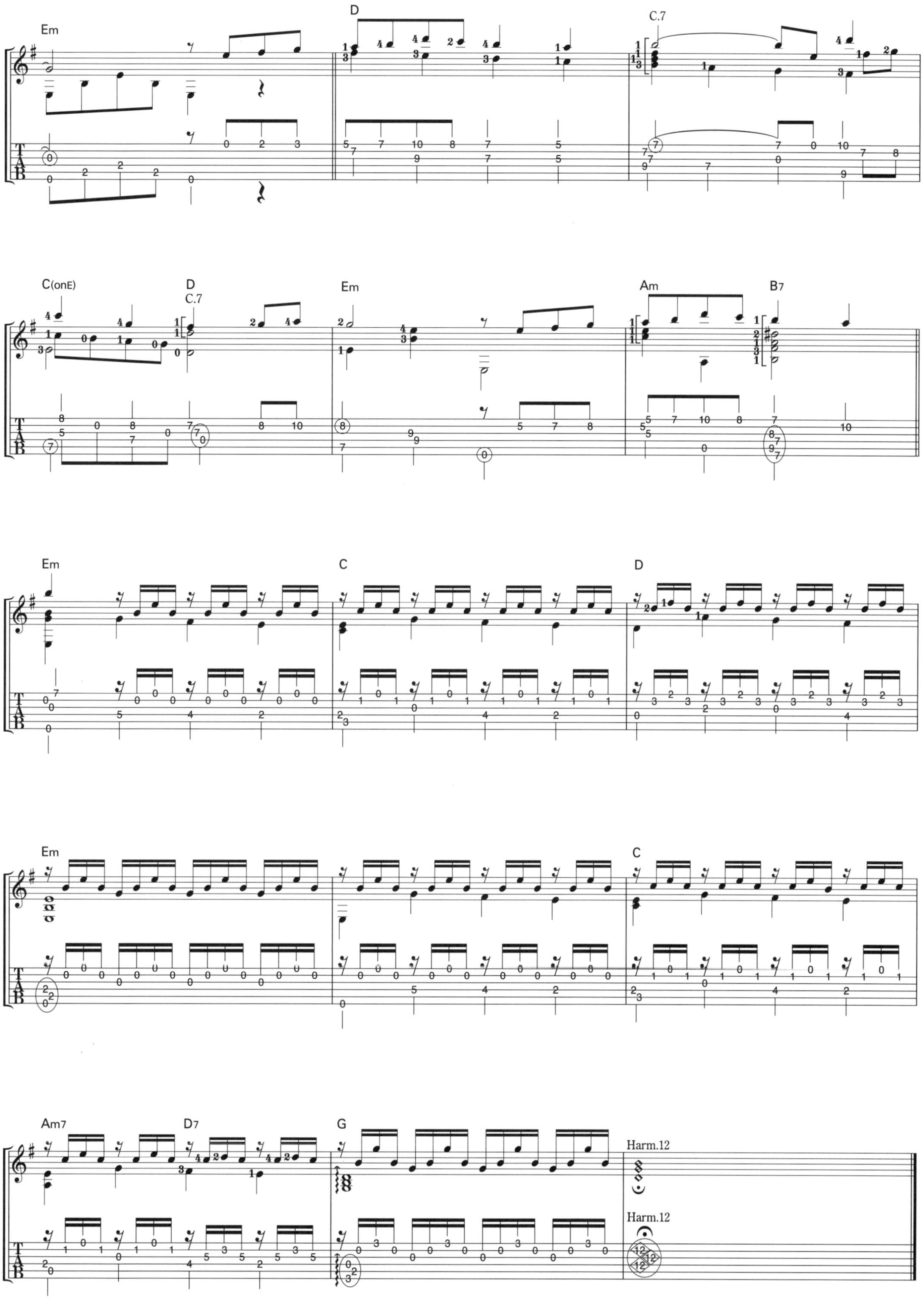
Em
D
C.7
C(onE)
D
C.7
Em
Am
B7
Em
C
D
Em
C
Am7
D7
G
Harm.12
Harm.12

牧場の少年

from FINAL FANTASY VII

D
Bm
Em
A7
D
D7(onC)
G
E7
D
G
G(onA)
D
D
D7(onC)
G
Em7-5
A7
D

D
Bm
F♯m
Bm
F♯m
G
E7(onG♯)
G(onA)
A7
D
D7(onC)
G
E7
D
G
G(onA)
D

花火に消された言葉

from FINAL FANTASY VII

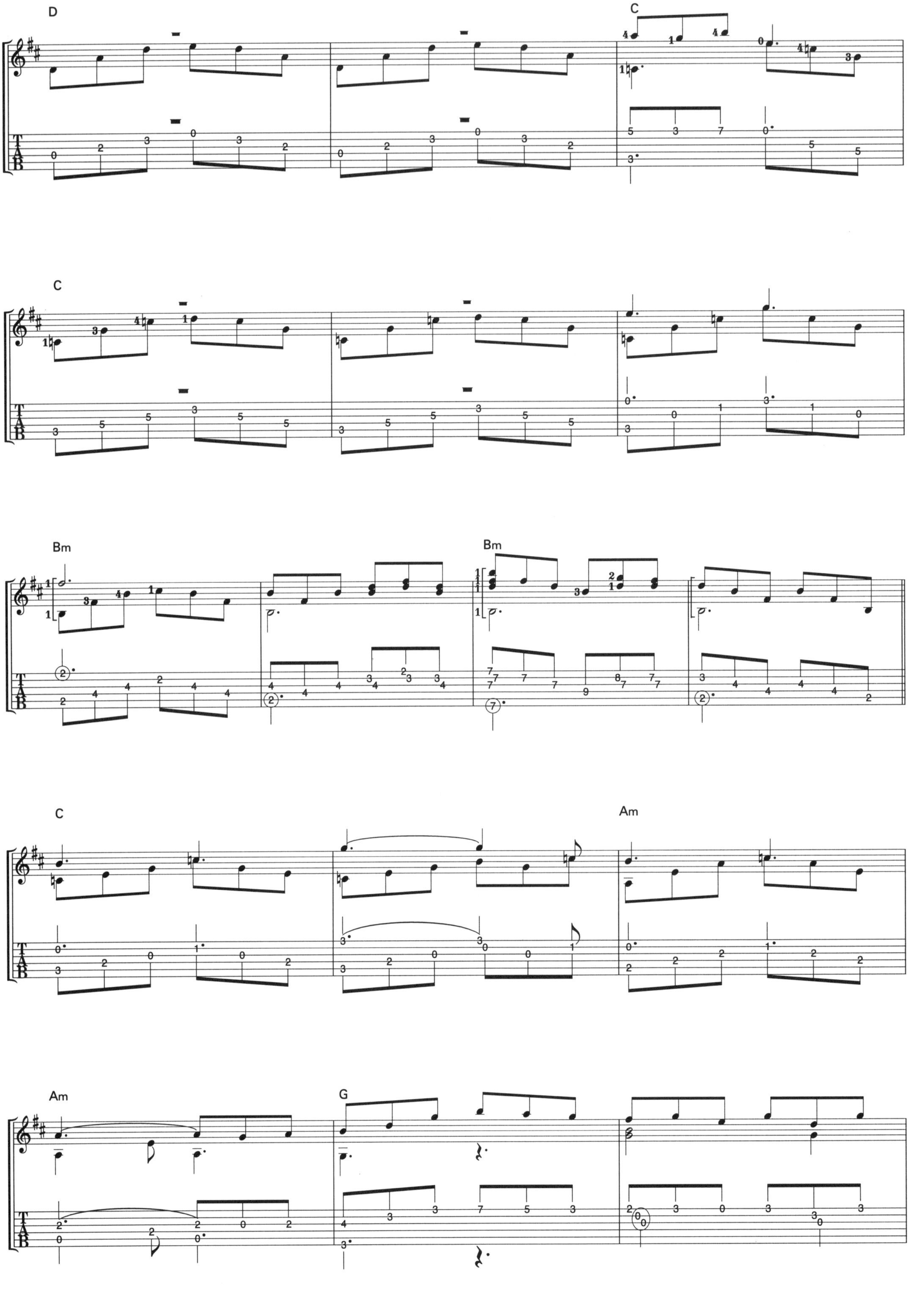
D
C
C
Bm
Bm
C
Am
Am
G

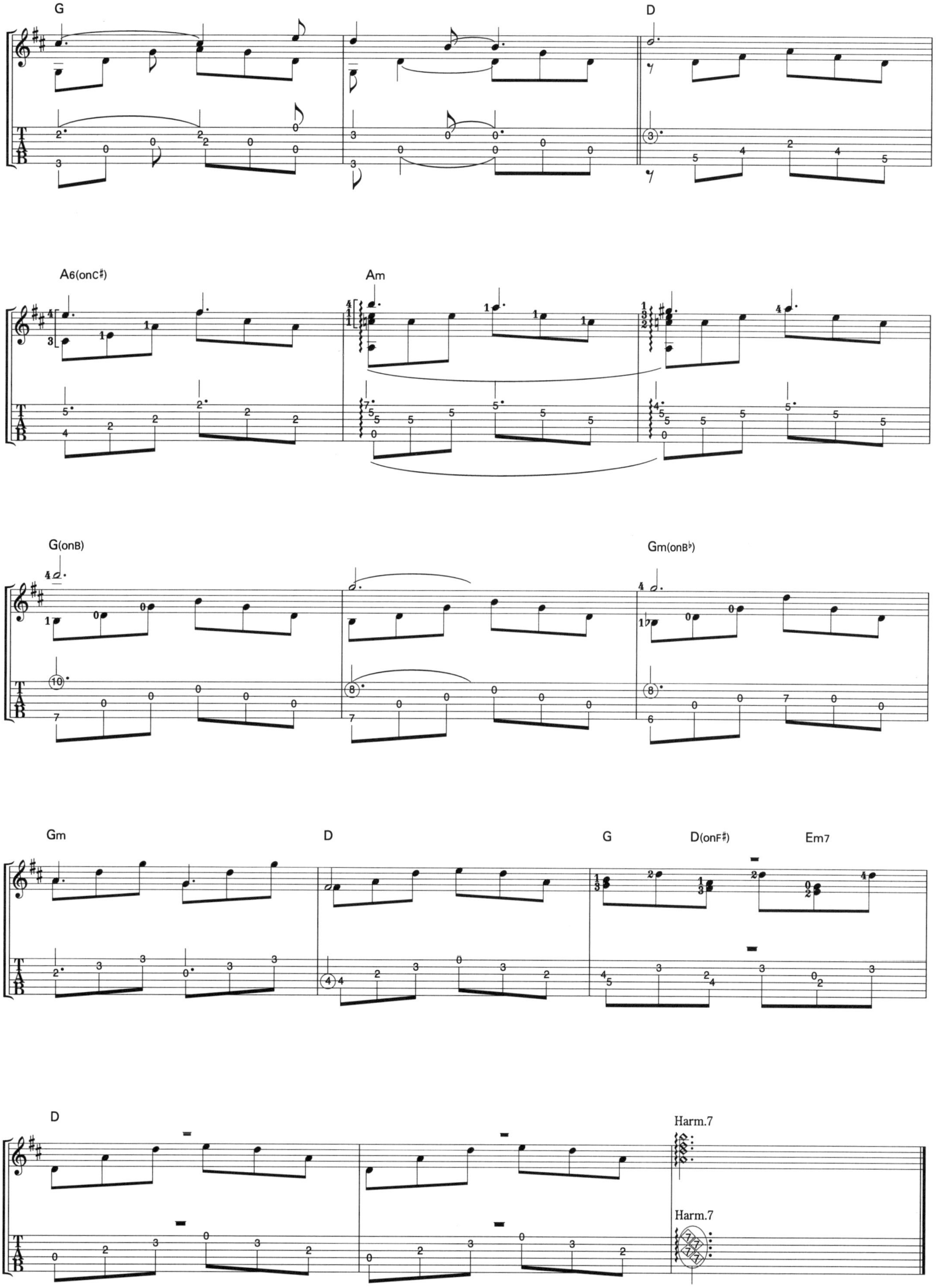
G
D
A6(onC♯)
Am
G(onB)
Gm(onB♭)
Gm
D
G
D(onF♯)
Em7
D
Harm.7
Harm.7

旅の途中で

from FINAL FANTASY VII

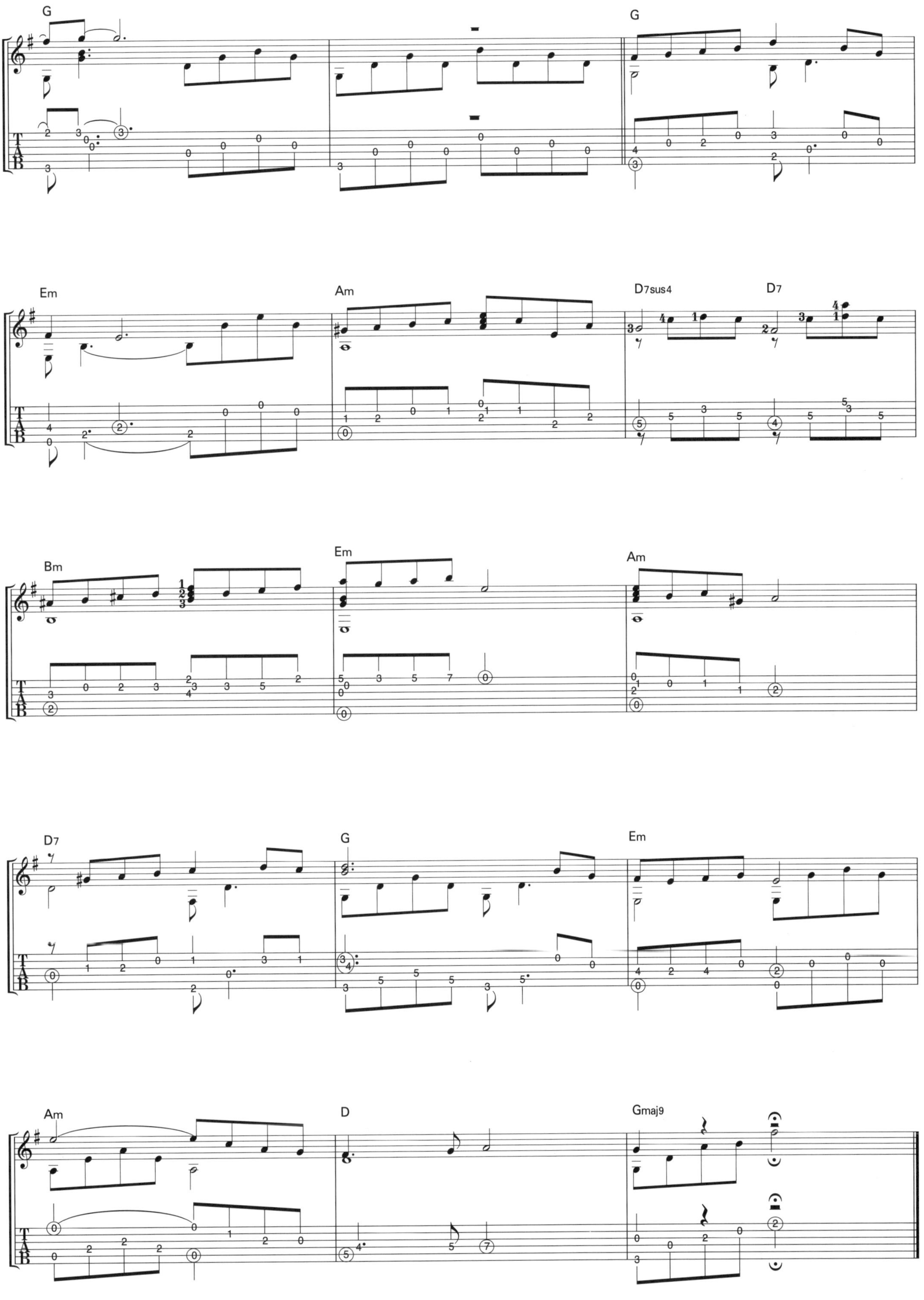
G
G
Em
Am
D7sus4
D7
Bm
Em
Am
D7
G
Em
Am
D
Gmaj9

想いを胸に

from FINAL FANTASY VII

D
A♯
D
E
C♯m
E
C
D
E
C
D
E
C
Am
E

山の向こうに

from FINAL FANTASY VII

D A(onC♯) F♯m G A7(13) A D
Dm A7(onE) Dm(onF) A7(onC♯) Dm A7(onE) Dm(onF) A7(onC♯)
Dm A7(onE) Dm(onF) Gm B♭ E7(onD) A7(onC♯)
Dm A7(onE) Dm(onF) A7(onC♯) Dm A7(onE) Dm(onF) A7(onC♯)
Dm A7(onE) Dm(onF) Gm A7 D
T
A
B

宇宙への夢

from FINAL FANTASY VII

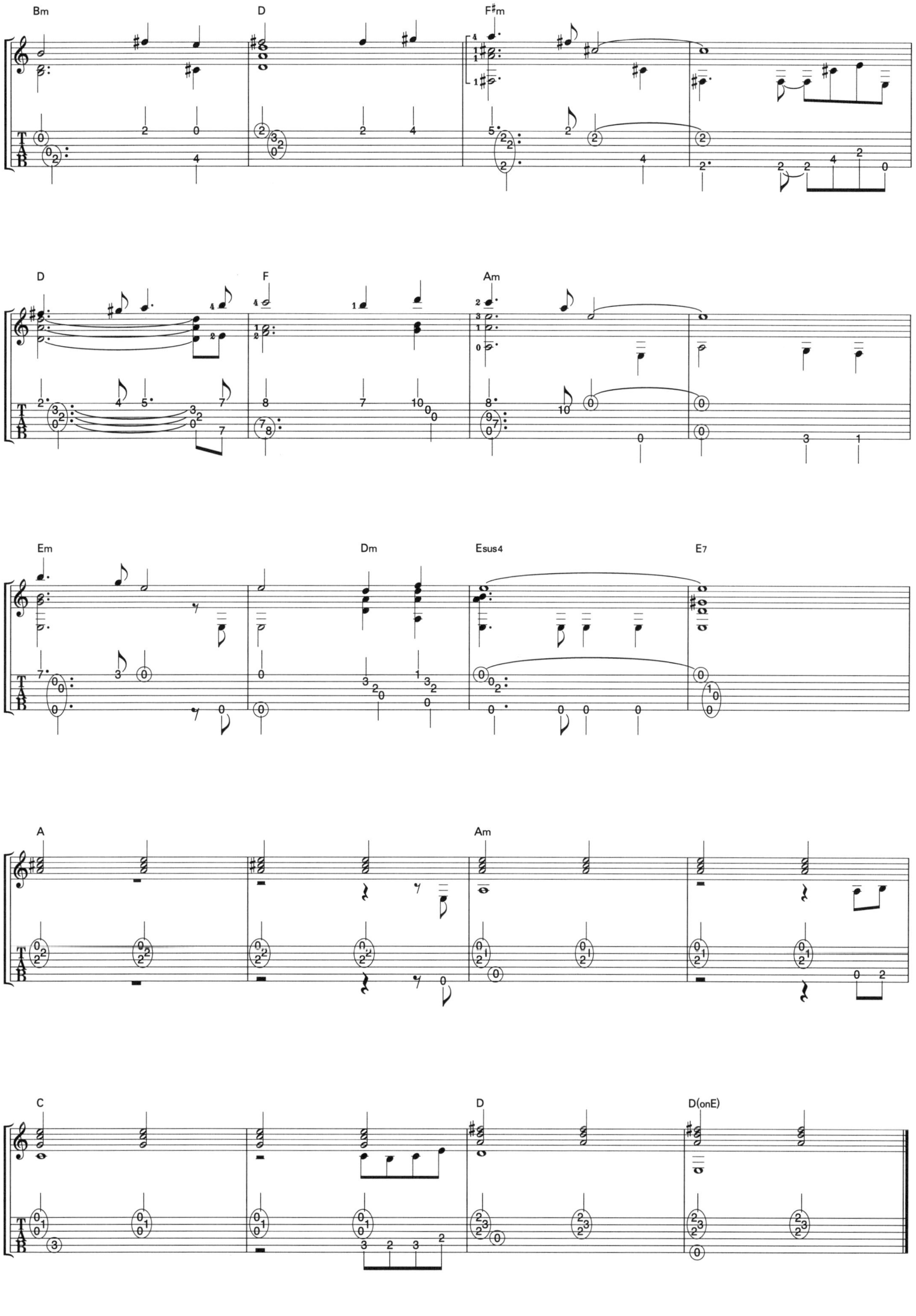
Bm
D
F♯m
D
F
Am
Em
Dm
Esus4
E7
A
Am
C
D
D(onE)

エアリスのテーマ

from FINAL FANTASY VII

F♯m
C♯m(onG♯)
D(onA)
A
C♯m(onG♯)
D(onA)
C♯m(onG♯)
C♯m(onG♯)
D(onA)
A
D
C♯m

F♯m
E(onB)
D(onE)
D(onA)
Bm
A
N.C.
N.C.
A
Em(onB)
A
Em(onB)
Aadd9
Harm.12
Harm.12

Fragments of Memories

from FINAL FANTASY VIII

A
G
E7(onG♯)
A
F♯
Bm
F♯m(onA)
F♯m(onA)
G
G(onA)
D
A(onC♯)
G
Em
F♯m
G
F♯m
G
A
Bdim
Em
F♯m

Bm
G
Em
F♯m
G
A
rit.

Breezy

from FINAL FANTASY VIII

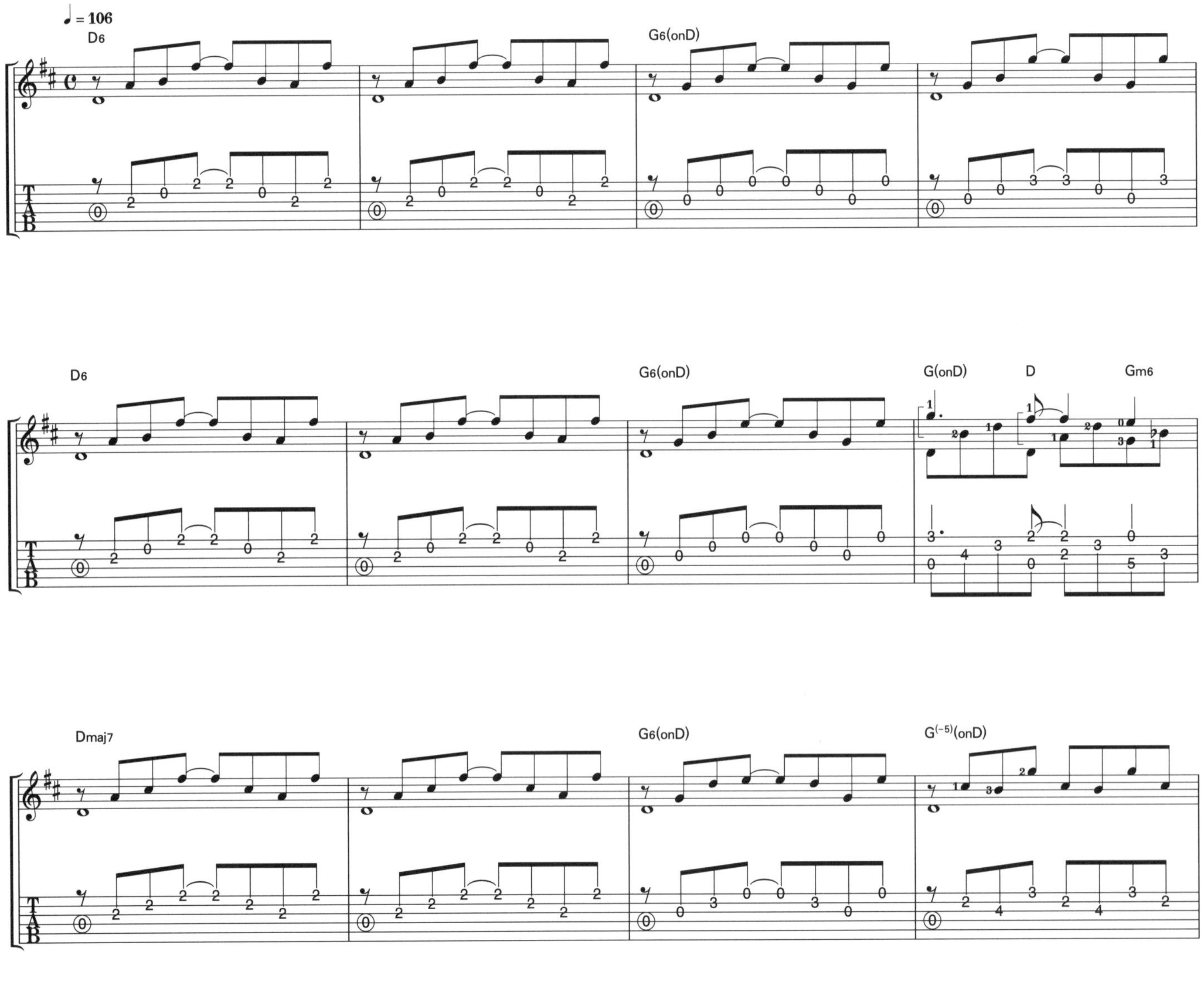

Dmaj7
D7(13)
Em
Gmaj7(onD)
Em
A
D
F(onD)
G(onD)
D
D
F(onD)
G(onD)
D
G(onD)
Gm(onD)
D6
Gm6(onD)

My Mind

from FINAL FANTASY VIII

G
D
Harm.12
D
C
A7
Harm.7
Harm.12
D
D7
G
G
F♯m
B7
Harm.12
G6
A7(13)
G6(9)
D

Eyes On Me

from FINAL FANTASY VIII

D
Asus4
A
G
F♯m
D
Dm(onF)
A
F♯m
D
Esus4
E
A
C♯m
D
D(onE)
E7
F♯m
C♯m
D
E7
A(onC♯)
Bm7
E7sus4
E7

A
Em7
A7
D
D
A6
G6
E7
A
Em7
A7
D
C♯m7
F♯
Bm7
D(onE)
E7
1.
D6
A

D
A(onC♯)
Bm7
C♯m
F♯m
D
C♯m
Bm7
D(onE)
E7
E♯dim
F♯m
C♯m(onE)
D6
E7sus4
E7
A
C♯m
D
Esus4
E
2.
D
Aadd9
Aadd9

Vamo' alla flamenco

from FINAL FANTASY IX

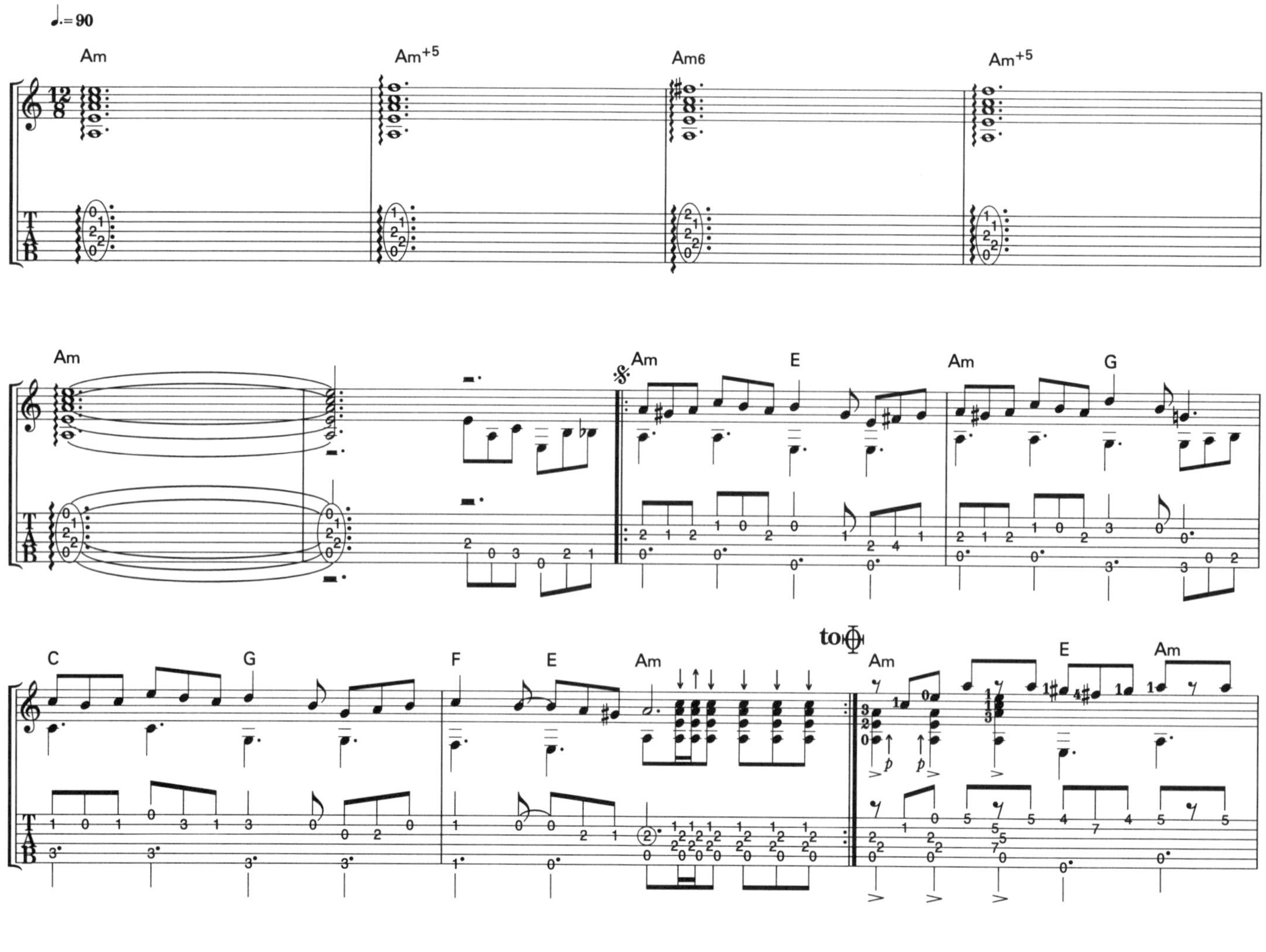

E F E Am
C.7 C.5
C.5 E Am
D B7(onD♯)
E
E
E7(-9)
Am E
Am G
C G
F E Am
A Dm
Am B♭
A Dm
C F
E F
G F E
E F
G F E
D.S.
Coda
Am

奪われた瞳

from FINAL FANTASY IX

G D Em7 Asus4 A
F#m Bm7 Em7 Gm6
D G D6 D
D A(onD) G(onD) A(onD)
D A(onD) G(onD) A(onD)

FINAL FANTASY GUITAR SOLO COLLECTION

辺境の村ダリ

from FINAL FANTASY IX

Dm7
B♭7
C
1.
A♭7(-5)
B♭7
2.
E7sus4
E7
Am
Em
Am
D7
F
B7
Em
G7
A♭
G7(9)
Cadd9
Dm7(onC)
D7(onC)
F(onC)

とどかぬ想い

from FINAL FANTASY IX

G
A
D
Dmaj7(onC♯)
D7(onC)
Bm7
Em
A
Dmaj7
Em
A
Dmaj7
D7
G
A
Dmaj7
D7(onC)
Em
A
Dmaj7

エーコのテーマ

from FINAL FANTASY IX

Bm
C.7
Em
Am
Cm
C.8
G
C
G
G
Em7
A7
Em7
A7
Am
C.5
Bm
C.7
C
Bm7
A7
C.5
D7
G
Harm.12
Harm.12

消えぬ哀しみ

from FINAL FANTASY IX

Em Bm G A7 C
Bm Am7 Bm Em Bm
G A C Bm Esus4 E
G C D6 D♯dim Em Bm7
Cmaj7 F C.7 B G Cmaj7 D6 D♯dim
Em Bm7 Am Bm Cmaj7

甘く悲しい恋

from FINAL FANTASY IX

C G Bm C B Am7 G
Am G6 D Bm A6 C(onG) C Bm
Am Bm C Bm
Am Bm Em G(onD)
C D Em
Harm.12
Harm.12

Melodies Of Life~Final Fantasy

from FINAL FANTASY IX

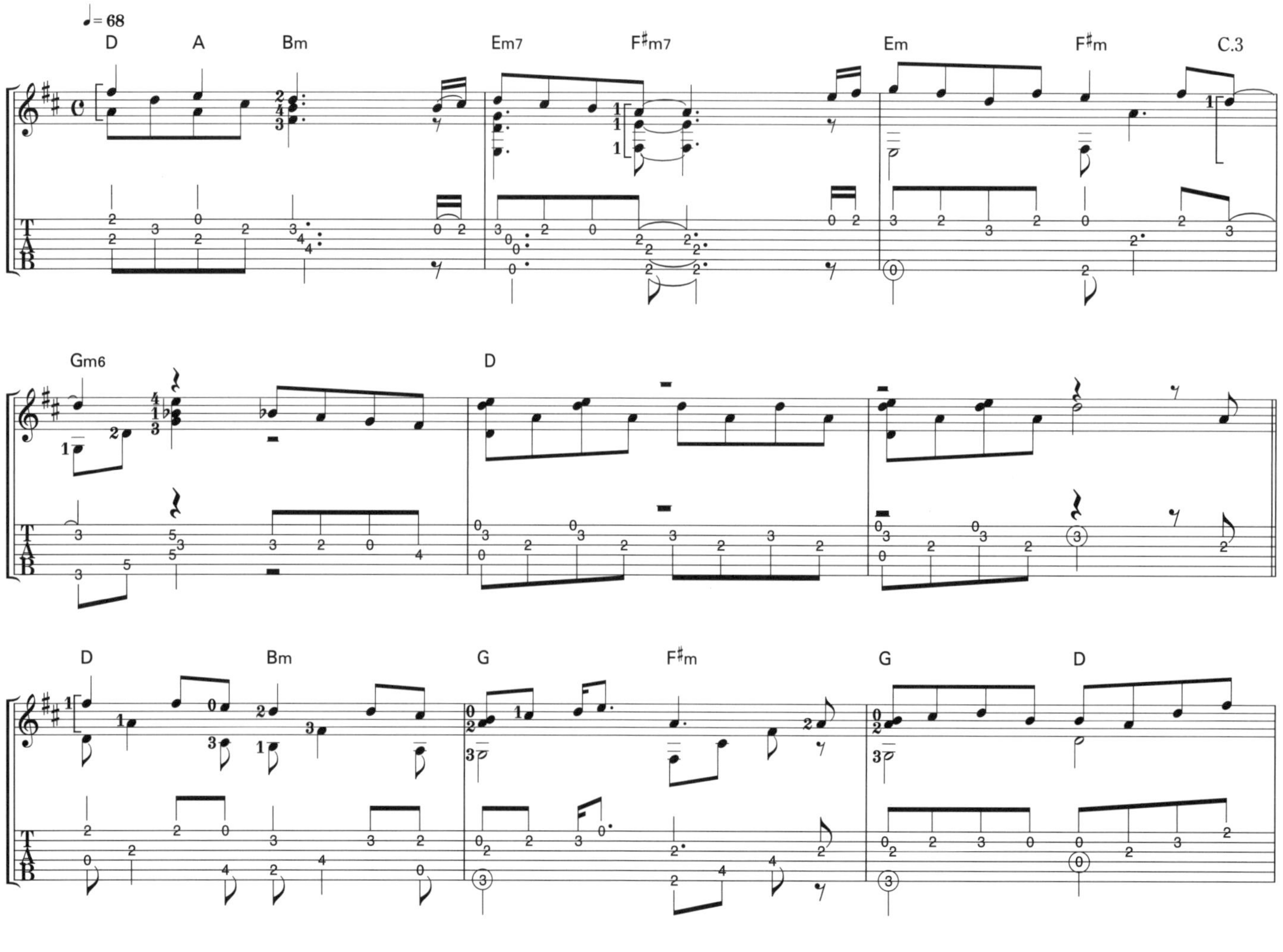

Em7 A7sus4 A F♯m Bm7 Em Gm
D Bm Gmaj7 Em7 A7
D Bm G F♯m G D
Em7 Asus4 A F♯m Bm7 Em Gm
D G D Em7 F♯m7
G A F♯m
TAB

B
Em
Bm(onD)
Cmaj7
Am7
Bm
Gmaj7
G(onA)
A7
D
F♯m
A(onG)
G
Em
G(onD)
A(onC♯)
A
D
F♯m
G
Em
C6
A7
1.
D
Em7
F♯m
TAB

Bm
Gmaj7
F♯m7
Bm
F♯m7
G
Em7
F♯m7
Bm
Em
Em7(onA)
D
D
2.
A7
D
G(onD)
D(onF♯)
F♯m7(onC♯)
Bm
Bm7(onA)
G
D
Em
Bm(onD)
C
G(onA)
Dadd9
rit.

ウイユヴェール

from FINAL FANTASY IX

隠者の書庫ダゲレオ

from FINAL FANTASY IX

A
A
D
E
A
A7
D
E7
A
A
D
E
A
D
E7
A
E(onG♯)
A
E(onG♯)
A
F♯(onA♯)
A
E(onG♯)
Harm.5
Harm.5

E(onG#) A E(onG#) A F#(onA#)
Bm G#7(B#) C#m A D
E A A7 D
E7 A D A
A D E7 A

ザナルカンドにて

from FINAL FANTASY X

Em
Cmaj7
D
G
Em
Cmaj7
D
G
Em
Cmaj7
D
G
Cmaj7
D7
Am7
Bm
Cmaj7

Am
Fmaj7
G
Em
Bm
F♯m
Am
Bsus4
B
Bm
G
A
F♯m
C♯m
Gmaj7
F♯m
B

ジェクトのテーマ

from FINAL FANTASY X

A7
E7
E7
B
B
A7
E7
B
E7
E7
T
A
B

E7
A7
A7
E7
C7
E7
B7
A7
E7
E7

素敵だね

from FINAL FANTASY X

Em
Am
Am G C G C G
Am Em Am G C G
Fmaj7 G Dsus4 D Am G
C G C G Am Em

Am G C G Fmaj7 G
Am G(onD) Am G F Em F(onG) C G
Am F C G Fmaj7 F(onG)
C G Am F C Em
Fmaj7 Em

Em
F
Em
Harm.12
1.
Fmaj7
G
Am
D6(onA)
Am
D6(onA)
Am
2.
Fmaj7
Dm6(9)
Am9
Am9
Am
G
Fmaj7
C.7
C(onE)
C.5
Dm
C(onE)
Em
Am9

ユウナの決意

from FINAL FANTASY X

F♯m7−5
D7
G7(13)(onF)
G7
C
Fm(onC)
C
Em
Em7−5
C
F
Fm9
D♭7
G7sus4
C
B♭7(+13 9)
G7
C
Csus4
C

Am
D7
G
G
Dm7
G7
C
C7
Fmaj7
Esus4
E7
Am7
F#dim
Dm11
G
Dm11
G7
Cmaj7

楽しいバイエル併用
ファイナルファンタジー I・II・III 全曲集
FINAL FANTASY I・II・III / Complete Song Collection

ロールプレイング・ゲームの定番ソフト"F.F."の「I」「II」「III」全てのゲーム・ミュージックを収載。天野喜孝氏のオリジナル・イラスト表紙、作曲者・植松伸夫氏監修
[曲目] WELCOME TO F.F.WORLD／オープニング・テーマ／メイン・テーマ／チョコボのテーマ／反乱軍のテーマ／他
定価（本体2000円＋税）

楽しいバイエル併用
ファイナルファンタジー IV
FINAL FANTASY IV

"F.F."の人気を決定ずけた名作。BGM全曲収載。植松伸夫氏監修
[曲目] プレリュード／赤い翼／バロン王国／愛のテーマ／オープニング／街のテーマ／ファイナルファンタジーIV メインテーマ／バトル１／勝利のファンファーレ／デブチョコボ登場／チョコボ／ダンジョン／バトル２／ボムの指輪／少女リディア／他
定価（本体1500円＋税）

楽しいバイエル併用
ファイナルファンタジー V
FINAL FANTASY V

新たなる勇者の戦いが始まる。さらにパワー・アップした"F.F."ワールド。ヴォリュームたっぷりの一冊。作曲者植松伸夫氏監修
[曲目] ファイナルファンタジーV メインテーマ／オープニング／４つの心／レナのテーマ／ダンジョン／レクイエム／おれたちゃ海賊／おやすみなさい／封印されしもの／呪いの地／他
定価（本体1800円＋税）

楽しいバイエル併用
ファイナルファンタジー VI
FINAL FANTASY VI

スーパーファミコン用R.P.G.ゲーム・ソフト"ファイナルファンタジーVI"。500万本以上の売上を誇るシリーズ最高傑作のオリジナル・サウンド・ヴァージョンを、大人も子供も楽しめるやさしいピアノ・ソロ・アレンジで収載。壮大なF.F.ワールドが譜面の上に展開するぞ!!
作曲者：植松伸夫氏監修
定価（本体2000円＋税）

楽しいバイエル併用
ファイナルファンタジー VII
FINAL FANTASY VII / Original Sound Track

プレイステーション用ソフトで遂にリリース。ファン待望！更にスケール・アップした「F.F.VII」オリジナル・サウンドトラックを収載。作曲者：植松伸夫監修
[曲目] プレリュード／オープニング～爆破ミッション／FF 7メインテーマ／旅の途中で／生命の流れ／神の誕生／片翼の天使／他
定価（本体2500円＋税）

楽しいバイエル併用
ファイナルファンタジー VIII ～オリジナル・サウンドトラック
FINAL FANTASY VIII / Original Sound Track

FFファン待望！「VIII」全曲集をお届けします。さらにパワーアップしたFFの世界をあなたに!!
[曲目] Liberi Fatali／Balamb GARDEN／Blue Fields／Don't be Afraid／The Winner／Find Your Way／SeeD／Eyes On Me／他全74曲。
定価（本体2500円＋税）

楽しいバイエル併用
ファイナルファンタジー IX ～オリジナル・サウンドトラック
FINAL FANTASY IX / Original Sound Track

「ファイナルファンタジーIX」のオリジナル・サントラ全曲集です。エンディング・テーマ「Melodies Of Life」はピアノ弾き語りアレンジで収載しました。作曲者、植松伸夫氏による監修です。
[曲目] いつか帰るところ／作戦会議／嵐に消された記憶／アレクサンドリアの空／この刃に懸けて／ビビのテーマ／Vamo' alla flamenco／他全109曲。
定価（本体2800円＋税）

楽しいバイエル併用
ファイナルファンタジー X ～オリジナル・サウンドトラック
FINAL FANTASY X / Original Sound Track

FFシリーズの記念すべき10作目の作品となる『ファイナルファンタジーX』のオリジナル・サウンドトラックをピアノ・ソロ・アレンジで収載。美しい映像と共に、ますます印象深い仕上がりの音楽をお楽しみ下さい。
[曲目] ザナルカンドにて／ティーダのテーマ／プレリュード／急げ！／Otherworld／これはお前の物語だ／不気味／ノーマルバトル／勝利のファンファーレ／夢も希望もありません／暗躍／海底遺跡／ゲームオーバー／チイはアルベド族／敵襲／他
定価（本体2800円＋税）

楽しいバイエル併用
ファイナルファンタジー XI ～オリジナル・サウンドトラック
FINAL FANTASY XI / Best Collection

あなたはもうヴァナ・ディールを旅しましたか？更なる進化を遂げた「FFXI」サウンドトラック全曲を、やさしいピアノ・ソロでお届けします。作曲者、水田直志・谷岡久美・植松伸夫各氏による監修です。
[曲目] "FFXI Opening Theme"／Vana'diel March／Ronfaure／The Kingdom of San d'Oria／Battle Theme／Batallia Downs／The Republic of Bastok／Chateau d'Oraguille／Gustaberg／Metalworks／Rolanberry Fields／The Fedration of Windurst／Heavens Tower／Sarutabaruta／Battle in the Dungeon／他
定価（本体2200円＋税）

ゲーム・ミュージック
ファイナルファンタジーX-2
Final Fantasy X-2

全世界500万本以上のセールスを記録した、大ヒット作「ファイナルファンタジーX」の続編です。オリジナル・サウンドトラックCDの中から、よりピアノ・アレンジに適した曲を抜粋して収載しました。これが続編？というくらい、新鮮な音楽世界が繰り広げられます。
[曲目] 久遠～光と波の記憶～／real Emotion／ミッションコンプリート／ユウナのテーマ／スフィアハンター・カモメ団／ビサイド／キーリカ／ミヘン街道／ヴァドサラム／ナギ平原／ザナルカンド遺跡／スフィアハンター／他
定価（本体1500円＋税）

ゲーム・ミュージック
ファイナルファンタジー・クリスタルクロニクル／オリジナル・サウンドトラック
Final Fantasy -Crystal Chronicle- / Original soundtrack

初のゲームキューブ用ソフトとなるFFシリーズ最新作!! そのサウンドトラックから抜粋し、作曲者 谷岡久美氏書き下ろしによるピアノ・ソロ曲集としてお届けします。ルネサンス風の薫りを放つ音楽たちをたっぷりお楽しみ下さい。
[曲目] 記憶のこだま／カゼノネ／やすらぎ／今日が来て、明日になって／はじまりの村／旅立ち／川面にうつる雲／夢路の夕暮れ／おののけ、もののけ／三人いれば…？／閉じられた物語／マギーがすべて／他
定価（本体1500円＋税）

FINAL FANTASY® SOUND TRACK CD DISCOGRAPHY
ファイナルファンタジー●サウンド・トラック・ディスコグラフィー

FINAL FANTASY I & II

ファイナルファンタジーⅠ・Ⅱ オリジナル・サウンド・ヴァージョン
FINAL FANTASY I&II Original Sound Version（1988 POLYSTAR CO, LTD. H25X-20015：廃盤）

1曲目と49曲目以外はファミコンのオリジナル音源を収録。
ライナーノーツには「FF1オープニングテーマ」と「FF2メインテーマ」の楽譜付。
WELCOME TO F.F. WORLD（ARRANGE VERSION） WELCOME TO F.F.WORLD
FINAL FANTASY（ORIGINAL SOUND）プレリュード／オープニング・テーマ／コネリア城／メインテーマ／カオスの神殿／マトーヤの洞窟／街／店／船／海底神殿／ダンジョン／メニュー画面／飛空船／グルグ火山／浮遊城／戦闘シーン／勝利／エンディングテーマ／デッドミュージック／セーブミュージック
FINAL FANTASY Ⅱ（ORIGINAL SOUND）／プレリュード／戦闘シーン１／生き返りの間／再会／反乱軍のテーマ／街／メインテーマ／パンデモニウム城／帝国軍のテーマ／チョコボのテーマ／魔導士の塔／脱出！／古城／ダンジョン／皇帝復活／戦闘シーン２／勝利／フィナーレ／ワルツ／王女の誘惑／デッドミュージック／ファンファーレ／仲間に加える／店／飛空／戦闘シーン３／ダンジョン
FAREWELL ! F.F. WORLD（ARRANGE VERSION） FAREWELL! F.F. WORLD

交響組曲 FINAL FANTASY
FINAL FANTASY I&II Original Sound Version（1989 POLYSTAR CO.,LTD. H28X-10007：廃盤）

1989年東京五反田簡易保健ホールにて収録された交響組曲。演奏は東京交響楽団。指揮：服部克久。
SCENE Ⅰ（FF2より「メインテーマ」）／SCENE Ⅱ（FF2より「戦闘シーン２」）／SCENE Ⅲ（FF1より「オープニング」「街」「マトーヤの洞窟」）／SCENE Ⅳ（FF2より「フィナーレ」）／SCENE V〜PRELUDE〜（FF1より「プレリュード」「メインテーマ」「カオスの神殿」）／SCENE VIFF1より「グルグ火山」FF2より「ダンジョン」「帝国軍のテーマ」）／SCENE Ⅶ（FF２より「反乱軍のテーマ」）

FINAL FANTASY III

ファイナルファンタジーⅢ オリジナル・サウンド・ヴァージョン
FINAL FANTASY III Original Sound Version（1991 NTT Publishing Co., Ltd. N23D-002：廃盤）

プレリュード The Prelude／クリスタルのある洞窟 Crustal Cave／バトル１〜ファンファーレ〜 Battle 1〜Fanfare／クリスタルルーム Crystal Room／オープニング・テーマ Opening Theme／ 故郷の街ウル My Home Town／悠久の風 Eternal Wind／ジンの呪い Jinn, the Fire／ダンジョン The Dungeon／勇者の帰還 Return of the Warrior／山頂への道 The Way to the Top／小人の村トーザス Cute Little Tozas／ネプト寝殿 Shrine of Nept／エンタープライズ海を行く Sailing Enterprise／生きている森 Living Forest／古代人の村 Time Remains／チョコボのテーマ Chocobos!／でぶチョコボあらわる Big Chocobo／オーエンの塔 Tower of Owen／ギサールの野菜 Vegies of Geasal／ハインの城 Castle of Hain／バトル２ Battle 2／レクイエム The Requiem／エンタープライズ空を飛ぶ Go above the Clouds!／果てしなき大海原 The Boundless Ocean／水の巫子エリア Elia,the Maiden of Water／アルムの街 Town of Water／ピアノのおけいこ１ Let's Play Piano!／ピアノのおけいこ２ Let's Play Piano Again!／スイフト・ツイスト Swift Twist／４人組じいさんのテーマ Good Ol' Fellows／隠れ村ファルガバード In the Covert Town／巨大都市サロニア Salonia／潜水艇ノーチラス Deep under the Water／海底寝殿 Beneath the Horizon／ドーガとウネの館 Let Me Know the Truth／ノアのリュート Lute of Noah／ウネの体操 Good Morning!／巨大戦艦インビンシブル The Invincible／禁断の地エウレカ Forbidden Land／クリスタルタワー The Crystal Tower／闇のクリスタル The Dark Crystals／最後の死闘 This is the Last Battle／エンディングテーマ The Everlasting World (Total 54:44)

ファイナルファンタジーⅢ 〜悠久の風伝説
FINAL FANTASY III（1990 POLYSTAR CO., LTD. PSCR-5252：廃盤）

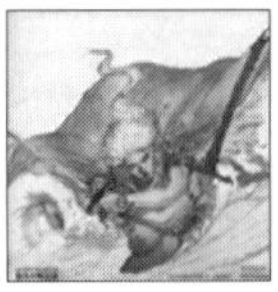

THE EVIL POWER OF UNDER WORLD（邪悪の胎動）／FOLLOWING THE WIND（風の啓示）／MONTAGE（彷徨の旅路）／THEIR SPIRITUAL LEADER（その大いなる導き）／EBB AND FLOW（陰と陽の攻防）／THE DARK CLOUD（凶々しき渇望）／REBIRTH（新たなる世界）

FINAL FANTASY IV

ファイナルファンタジーⅣ オリジナル・サウンド・ヴァージョン
FINAL FANTASY IV Original Sound Version（1991 NTT Publishing Co., Ltd.PSCN-5014：廃盤）

プレリュード／赤い翼／バロン国 ／愛のテーマ／オープニング／街／F.F.Ⅳメインテーマ／バトル１／勝利のファンファーレ ／デブチョコボ登場／チョコボ／ダンジョン／バトル２ ／ボムの指輪／少女リディア／ダムシアン城／哀しみのテーマ／ギルバードのリュート／試練の山 ／ファブール国／脱出 ／疑惑のテーマ／黒い甲冑ゴルベーザ ／親方シド／ミシィディア／長い道のり／パロムポロムのテーマ／ゴルベーザ四天王とのバトル／飛空艇 ／トロイア国／サンバ・デ・チョコボ ／バブイルの塔 ／一方その頃 ／ドワーフの大地／キングジオット ／踊るカルコブリーナ／ゾットの塔／幻獣の街／魔導船 ／もう一つの月／月の民 ／巨人のダンジョン／最後の戦い／エンディングテーマ

ファイナルファンタジーⅣ アレンジ・ヴァージョン「ケルティック・ムーン」
FINAL FANTASY IV arrange version Celtic Moon（1991 NTT Publishing Co., Ltd.-PSCN-5017：廃盤）

THE PRELUDE／PROLOGUE…／CHOCOBO-CHOCOBO／INTO THE DARKNESS／MAIN THEME OF FINAL FANTASY IV／WELCOME TO OUR TOWN!／THEME OF LOVE／MELODY OF LUTE／PAROM&POLOM／GIOTTO,THE GREAT KING／DANCING CALCOBRENA／MYSTIC MYSIDIA／ILLUSIONARY WORLD／RYDIA／TROIAN BEAUTY

ファイナルファンタジーⅣ ピアノ・コレクションズ
FINAL FANTASY IV PIANO COLLECTIONS（1991 NTT Publishing Co., Ltd.：廃盤）

プレリュード／愛のテーマ／オープニング／街のテーマ／ファイナルファンタジーⅣ メインテーマ／チョコボ／ダンジョン／少女リディア／ギルバートのリュート／黒い甲冑ゴルベーザ／トロイア国／バトルメドレー
／エンディングテーマ／愛のテーマ（練習用トラック）

FINAL FANTASY V

ファイナルファンタジーⅤ オリジナル・サウンド・ヴァージョン
FINAL FANTASY V Original Sound Version（1992 NTT Publishing Co., Ltd. N33D-013〜4：廃盤）

[DISC-1] ファイナルファンタジーV メインテーマ／オープニング／４つの心／急げ！急げ！！／レナのテーマ／ダンジョン／バトル１／勝利のファンファーレ／レクイエム／おれたちゃ海賊／街のテーマ／おやすみなさい／封印されしもの／呪いの地／幻惑されて／ハーヴェスト／銀嶺を行く／危機一髪！／バトル２／大いなる翼を広げ／王家の宮殿／火力船／脱出！／離愁／古代図書館／回想／ムジカ・マキーナ／いつの日かきっと／ん？／マンボdeチョコボ／はるかなる故郷／思い出のオルゴール／飛空艇／覇王エクスデス
[DISC-2] エクスデスの城／暁の戦士／ビッグブリッジの死闘／未知なる大地／モーグリのテーマ／暁の城／深い碧の果てに／大森林の伝説／タイクーン円舞曲へ長調／ボコのテーマ／新しき世界／封印の書／古き土の眠り／虚空への前奏曲／光を求めて／決戦／最後の闘い／静寂の彼方／親愛なる友へ／ファイナルファンタジー／エンドタイトル／プレリュード／ファンファーレ１／ファンファーレ２／あたしは踊り子／ピアノのおけいこ１／ピアノのおけいこ２／ピアノのおけいこ３／ピアノのおけいこ４／ピアノのおけいこ５／ピアノのおけいこ６／ピアノのおけいこ７／ピアノのおけいこ８

ファイナルファンタジーⅤ ディア・フレンズ
FINAL FANTASY V arrange version DEAR FRIENDS（1994 NTT Publishing Co., Ltd. PSCN-5018：廃盤）

AHEAD ON OUR WAY ファイナルファンタジーVメインテーマ／LENNA'S THEME レナのテーマ／PIRATES AHOY おれたちゃ海賊／RITTER TRIPPER FRITTER!? モーグリのテーマ／INTENSION OF THE EARTH 古き土の眠り／MY HOME, SWEET HOME はるかなる故郷／THE LAND UNKNOWN 新しき世界／TENDERNESS IN THE AIR 街のテーマ／WALTZ SUOMI タイクーン円舞曲へ長調 ／FATE IN HAZE ダンジョン ／AS I FEEL, YOU FEEL 大森林の伝説／MUSICA MACHINA ムジカ・マキーナ／MUSIC BOX 思い出のオルゴール ／DEAR FRIENDS 親愛なる友へ（DEDICATED TO RICHERD REMINGTON）

ファイナルファンタジーⅤ ピアノ・コレクションズ
FINAL FANTASY V PIANO COLLECTIONS（1994 NTT Publishing Co., Ltd.：廃盤）

オープニング／街のテーマ／ハーヴェスト／ファイナルファンタジーV メインテーマ／モーグリのテーマ／はるかなる故郷／マンボ de チョコボ／レナのテーマ／思い出のオルゴール／ビッグブリッヂの死闘／タイクーン円舞曲へ長調／親愛なる友へ／エンドタイトル

FINAL FANTASY VI

ファイナルファンタジーⅥ オリジナル・サウンド・ヴァージョン
FINAL FANTASY VI Original Sound Version（1994 NTT Publishing Co., Ltd. PSCN-5001〜3：廃盤）

[DISC-1] Opening Theme 予兆／Colliery Nalsh 炭坑都市ナルシェ／A wakeining 目覚め／Lock ロックのテーマ／Battle Theme 戦闘／Cefca 魔導士／Edgar＆Mash エドガー、マッシュのテーマ／Cefca 魔導士ケフカ／Mt.Coltz 霊峰コルツ／Returners 反乱分子／Shadow シャドウのテーマ／Troops March On 帝国の進軍 ／Cayennne カイエンのテーマ／The Unforgiven 許されざる者／The Mystic Forest 迷いの森／Mystery Train 魔列車／Wild West 獣ケ原／Gau ガウのテーマ／The Snake Path 蛇の道／Kids Run Through The City Corner 街角の子供達／Under Martial Law 戒厳令／Celes セリスのテーマ／Save Them 幻獣を守れ！／The Decisive Battle 決戦／Metamorphosis メタモルフォーゼ
[DISC-2] Tina ティナのテーマ／Coin Song 運命のコイン／Techno de Chocobo テクノdeチョコボ／Forever Rachel 永遠に、レイチェル／Slam Shuffle スラム・シャッフル／Spinach Rag スピナッチ・ラグ[Opera] オペラ／Overture 序曲／Aria Di Mezzo Carattere アリア／The Weddinf Waltz 〜Duel 婚礼のワルツ〜 決戦／Grand Finale？ 大団円 ／Setzer セッツァーのテーマ／Johnny C Bad ジョニー・C・バッド／The Empire ” Ghastra” ガストラ帝国／Devill's Lab. 魔導研究所／Blackjack 飛空艇ブラックジャック／？？ ん？２／Mog モグのテーマ／Stragus ストラゴスのテーマ／Relm リルムのテーマ／Another World Of Beasts 幻獣界
[DISC-3] New Continent 魔大陸／Catastrophe 大破壊／The Fierce Battle 死闘／Rest in Battle レスト・イン・ピース／Datk World 死界／The Day After あの日から…
／Searching Friends 仲間を求めて／Gogo ゴゴのテーマ ／Epitaph 墓碑名／The Magic House からくり屋敷／Umaro ウーマロのテーマ／Fanatics 狂信集団／Last Dungeon 邪神の塔／Dancing Mad 妖星乱舞／Ending Theme 蘇る緑／The Prelude プレリュード

ファイナルファンタジーⅥ アレンジ・ヴァージョン「グランドフィナーレ」
FINAL FANTASY VI arrange version GRAND FINALE（1994 NTT Publishing Co., Ltd.：廃盤）

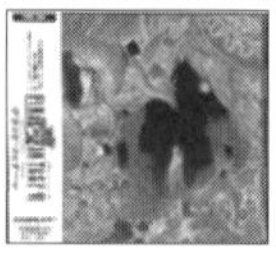

Opening Thme〜Tina／Cefca／The Mystic Forest／Gau／Milan de Chocobo／Troops March On／Kids RunThrough The City Corner／Blackjack／Relm／Mistery Train／Aria Di Mezzo Carattere

ファイナルファンタジーⅥ ピアノ・コレクションズ
FINAL FANTASY VI PIANO COLLECTIONS（1994 NTT Publishing Co., Ltd.：廃盤）

ティナのテーマ／ガウのテーマ／ケフカのテーマ／スピナッチ・ラグ／ストラゴスのテーマ／迷いの森／街角の子供たち／ジョニー・C・バット／魔列車／決戦／運命のコイン／セリスのテーマ／ワルツ de チョコボ

FINAL FANTASY VII

ファイナルファンタジーⅦ オリジナル・サウンドトラック
FINAL FANTASY VII Original Soundtrack（1997 DigiCube Co.,Ltd. SSCX-10004：４枚組）

[[DISC-１] プレリュード／オープニング〜爆破ミッション〜／魔こう炉／不安な心／ティファのテーマ／バレットのテーマ／急げ！／闇に潜む／神羅カンパニー／闘う者達／ファンファーレ／教会に咲く花／タークスのテーマ／腐ったピザの下で／虐げられた民衆／蜜蜂の館／お前は…誰だ／スラムのドン／神羅ビル潜入／更に闘う者達／レッド13のテーマ／クレイジーモーターサイクル／想いを胸に
[DISC-2] F.F.Ⅶメインテーマ／旅の途中で／お休み、また明日／５年前のあの日／牧場の少年／ワルツ・デ・チョコボ／エレキ・デ・チョコボ ／シンコ・デ・チョコボ ／黒マントの男を追え ／鷲の砦 ／ルーファウス歓迎式典 ／二本足で立つのも難しいものだな ／血の跡 14：J-E-N-O-V-A ／つづきから ／太陽の海岸 ／裏切り者の烙印 ／炭坑の街 ／ゴールドソーサー ／ケット・シーのテーマ ／砂の流刑地
[DISC-3] 星降る渓谷 ／生命の流れ ／偉大なる戦士 ／忍びの末裔 ／星に選ばれし者 ／悪夢の始まり ／シドのテーマ ／タイニーブロンコを奪え！ ／ウータイ ／マテリアいただき ／本命穴チョコボ ／フィドル・デ・チョコボ ／大当たりぃ〜 ／涙のタンゴ ／初舞台 ／花火に消された言葉 ／樹海の神殿 ／星の声が聞こえる ／エアリスのテーマ ／雪に閉ざされて／北の大空洞 ／リユニオン ／俺は…誰だ
[DISC-4] 神羅軍総攻撃／ウェポン襲来／空駆けるハイウインド／深海に眠る秘密／偏狭の村／絶望の淵から／山の向こうに／もっと急げ！／宇宙への夢／秒読み開始／心開けば／魔こうキャノン発車〜神羅爆発／最期の日／完全なるジェノヴァ／神の誕生／片翼の天使／星の危機／スタッフロール

ファイナルファンタジーⅦ アレンジ・ヴァージョン「リユニオン・トラックス」
FINAL FANTASY VII arrange version Reunion Tracks（1997 DigiCube Co.,Ltd.）

オープニング〜爆破ミッション〜／星降る渓谷／更に闘う者達／牧場の少年／ルーファウス歓迎式典／エレキ・デ・チョコボ／蜜蜂の館／シドのテーマ／樹海の神殿／闘う者達／旅の途中で／ゴールドソーサー／クレイジーモーターサイクル／ケットシーのテーマ／忍びの末裔／J-E-N-O-V-A
〜Orchestra Version〜
F.F.Ⅶメインテーマ／片翼の天使1／エアリスのテーマ

FINAL FANTASY VIII

ファイナルファンタジー VIII オリジナル・サウンドトラック
FINAL FANTASY VIII Original Soundtrack（1999 DigiCube Co.,Ltd. SSCX-10028 ：4枚組）

［DISC-1］Liberi Fatali／Balamb GARDEN／Blue Fields／Don't be Afraid／The Winner／Find Your Way／SeeD／The Landing／Starting Up／Force Your Way／The Loser／Never Look Back／Dead End／Breezy／Shuffle or Boogie／Waltz for the Moon／Tell Me／Fear／The Man with the Machine Gun／Julia／Roses and Wine／Junction／Timber Owls
［DISC-2］My Mind／The Mission／Martial Law／Cactus Jack(Galbadian Anthem)／Only a Plank Between One and Perdition／SUCCESSION OF WITCHES／Galbadia GARDEN／Unrest／Under Her Control／The Stage is Set／A Sacrifice／FITHOS LUSEC WECOS VINOSEC／Intruders／Premonition／Wounded／Fragments of Memories／Jailed／Rivals／Ami
［DISC-3］The Spy／Retaliation／Movin'／Blue Sky／Drifting／Heresy／Fisherman's Horizon／ODEKA ke Chocobo／Where I Belong／The Oath／Slide Show Part1／Slide Show Part2／Love Grows／The Salt Flats／Trust Me／Silence and Motion／Dance with the Balamb-fish／Tears of the moon／Residents／Eyes On Me
［DISC-4］Mods de Chocobo(featuring N's Telecaster)／Ride On／Truth／Lunatic Pandora／Compression of Time／The Castle／The Legendary Beast／Maybe I'm A Lion／The Extreme／The Successor／Ending Theme／Overture

ファイナルファンタジー VIII オーケストラ・ヴァージョン「FITHOS LUSEC WECOS VINOSEC」
FINAL FANTASY VIII arrange version FITHOS LUSEC WECOS VINOSEC（1999 DigiCube Co.,Ltd.：SSCX-10037）

Liberi Fatali／Blue Fields／Don't be Afraid／Balamb GARDEN～Ami／Fisherman's Horizon／FITHOS LUSEC WECOS VINOSEC／Eyes On Me／The Man with the Machine Gun／Dance with the Balamb-fish／Love Grows／The Oath／Ending Theme／Fragments of Memorie

ファイナルファンタジー VIII ピアノ・コレクションズ
FINAL FANTASY VIII PIANO COLLECTIONS（1999 DigiCube Co.,Ltd.：SSCX-10041）

Blue Fields／Eyes On Me／Fisherman's Horizon／SUCCESSION OF WITCHES／Ami／Shuffle or Boogie／Find Your Way／The Oath／Silence and Motion／The Castle／The Successor／Ending Theme／Slide Show Part2

FINAL FANTASY IX

ファイナルファンタジー IX オリジナル・サウンド・ヴァージョン
FINAL FANTASY IX Original Sound Version（2000 DigiCube Co.,Ltd. SSCX-10043～6： 4 枚組）

［[DISC-1］いつか帰るところ／嵐に消された記憶／作戦会議／アレクサンドリアの空／ビビのテーマ／この刃に懸けて／Vamo' alla flamenco／決行～姫を探して～／月なきみそらの道化師たち／スタイナーのテーマ／プリマビスタ楽団／奪われた瞳／今宵／あなたのぬくもり／あやまちの愛／深淵の女王／ざわめく森／バトル１／ファンファーレ／あの日の記憶／バトル２／ゲームオーバー／走れ！／おやすみ／あの丘を越えて／氷の洞窟／辺境の村 ダリ／黄昏の彼方に／盲進スタイナー／限りある時間（とき）／ジタンのテー／黒のワルツ
［DISC-2］シドのテーマ／一難去って…／リンドブルム／記憶の歌／ハンターチャンス／ク族の沼／クイナのテーマ／アロハ・de・チョコボ／ウクレ・le・チョコボ／フライヤのテーマ／国境の南ゲート／フェアリーバトル／ブルメシア王国／忘れられぬ面影／クジャのテーマ／迷いの剣／眠らない街 トレノ／タンタラスのテーマ／背徳の旋律／ガーネットのテーマ／古根の道 ガルガン・ルー／クレイラの幹／クレイラの街／永遠の豊穣 Eternal Harvest／空を愁いて／抽出
［DISC-3］襲撃／ローズ・オブ・メイ／フォッシル・ルー／山吹く里 コンデヤ・パタ／黒魔導士の村／とどかぬ想い／神前の儀／エーコのテーマ／廃墟 マダイン・サリ／召喚壁／イーファの樹／サラマンダーのテーマ／欲望の足音／おれたちゃ盗賊／ラブレター大作戦／クアッド・ミスト／モーグリのテーマ／守るべきもの／召喚されし者／時の管理者／ウイユヴェール／刻まれた過去／振りカエルと奴がいる／聖なる地 エスト・ガザ／グルグ火山／とけた魔法と心
［DISC-4］飛空艇 ヒルダガルデ／隠者の書庫 ダゲレオ／イプセンの古城／４枚の鏡／それぞれの戦い／テラ／魂無き村 ブラン・バル／時を刻む城 パンデモニウム／独りじゃない／消えぬ悲しみ／悪霧ふたたび／銀竜戦／記憶の場所／クリスタルワールド／破滅への使者／最後の闘い／甘く悲しい恋／裏切りの口づけ／君の小鳥になりたい／盗めぬ二人のこころ／その扉の向こうに／Melodies Of Life ～Final Fantasy／プレリュード／CCJC TVCM15”／CCJC TVCM 30”／Melodies Of Life [The Layres Of Harmony]

ファイナルファンタジー IX オリジナル・サウンドトラックPLUS
FINAL FANTASY IX Original Soundtrack PLUS（2000 DigiCube Co.,Ltd.）

ブラネ登場～劇開幕／万国旗スタイナー激突／アレクサンドリアからの脱出／プリマビスタ墜落／ブランク石化／黒魔道士vs黒魔道士／南ゲート突破／リンドブルム王国到着／歌～ジタンとダガー／ブルメシアから去るクジャ／召喚獣発動クレイラ消滅／リンドブルム炎上／リンドブルム壊滅／霧の消滅／ダガー回想（召喚士村の滅亡）／召還！バハムート／全滅ブラネ艦隊／新女王誕生／バハムート来襲／エーコ降下／アレクサンダー召喚／幽霊船／ダガー救出／髪を切るダガー／ダガー回想（幽霊船）／ネオクジャ崩壊／テラより脱出／ジタン、ダガー別れ／クジャの元へ／ルーファウス歓迎式典 Millennium Version／ドーガとウネ／マダインサリの娘／クジャのテーマ Millennium Version
［Extra Tracks］（Not recorded in the FF?）／Main／Walz／Kogaku Motet1／Organum／Mediteiranean／Dokokade3／Weuber／Kuja5
［Bonus Track］Melodies Of Life(Silent Mix)

ファイナルファンタジー IX ピアノ・コレクションズ
FINAL FANTASY IX PIANO COLLECTIONS（2000 DigiCube Co.,Ltd.：SSCX-10048）

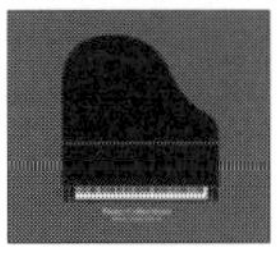

永遠の豊穣／隠者の書庫ダゲレオ／いつか帰るところ／vamo alla flamenco／辺境の村 ダリ／魂なき村 ブラン・バル／消えぬ悲しみ／独りじゃない／盗めぬ二人のこころ～その扉の向こうに／ローズ・オブ・メイ／眠らない街トレノ／とどかぬ想い／最後の闘い／Melodies of Life

FINAL FANTASY X

ファイナルファンタジー X オリジナル・サウンドトラック
FINAL FANTASY X Original Soundtrack（2001 DigiCube Co.,Ltd. SSCX-10054～7：4枚組）

［DISC-1］「全部話しておきたいんだ」／ザナルカンドにて／プレリュード／ティーダのテーマ／Otherworld／急げ！／これはお前の物語だ／不気味／ノーマルバトル／勝利のファンファーレ／ゲームオーバー／夢も希望もありません／暗躍／海底遺跡／チイはアルベド族／敵襲／ブリッツに賭けた男達／ビサイド島／スピラの情景／祈りの歌／幻想／試練の間／祈りの歌～ファンファーレ～／召還／大召還士の娘／おやすみ［DISC-2］ユウナのテーマ／萌動／異界送り／嵐の前の静けさ／祈りの歌～イフリート～／ルカ／マイカ総老師歓迎／不澆の決意／The Splendid Performance／対峙／Blitz Off／アーロンのテーマ／ミヘン街道／ブラスdeチョコボ／旅行公司／通行を許可します／シーモアのテーマ／宵闇／ジョゼ寺院／祈りの歌～イクシオン～／シパーフ乗るぅ？／リュックのテーマ／グアドサラム［DISC-3］雷平原／ジェクトのテーマ／マカラーニャの森／霧海／寺院楽隊／シーモアの野望／祈りの歌～シヴァ～／迫りくる者たち／灼熱の砂漠／危機／明かされた真実／発進／結婚式／襲撃／悲劇／私は飛べる／浄罪の路／祈りの歌～バハムート～／審判の時／父を殺めた男／素敵だね［DISC-4］ユウナの決意／ルールーのテーマ／勇ましく進め／祈りの歌～ようじんぼう～／極北の民／祈りの歌～ロンゾ族～／彷徨の炎／いつか終わる夢／祈りの歌～ユウナレスカ～／挑戦／深淵の果てに／暗澹／祈りの歌～スピラ～／祈りの歌～スピラ～／シーモアバトル／祈りの歌～アニマ～／召還獣バトル／決戦／Ending Theme／「思い出してください」／素敵だね～オーケストラ・バージョン～

ファイナルファンタジー X ピアノ・コレクションズ
FINAL FANTASY X PIANO COLLECTIONS（2001 DigiCube Co.,Ltd.：SSCX-10064）

ザナルカンドにて／ティーダのテーマ／ビサイド島／祈りの歌／旅行公司／リュックのテーマ／グアドサラム／雷平原／襲撃／浄罪の路／素敵だね／ユウナの決意／極北の民／決戦／Evding Theme

BEST ALBUM

ファイナルファンタジー 1987-1994
THE BEST OFFINAL FANTASY

SCENE I（from「交響組曲ファイナルファンタジー」）／Roaminig Sheep（from「ファイナルファンタジー３悠久の風伝説」）／Theme of Love（from「ファイナルファンタジー４ケルティック・ムーン」）／大森林の伝説（REMIX）（ORIGNAL MIX「ファイナルファンタジー５ディアフレンズ」）／水の巫女エリア（from「ファイナルファンタジー３悠久の風伝説」）／Welcome to Our Town!（from「ファイナルファンタジー４ケルティックムーン」）／モーグリのテーマ（from「ファイナルファンタジー５ディアフレンズ」）／The Breeze（from「ファイナルファンタジー３悠久の風伝説」）／Troian Beauty（from「ファイナルファンタジー４ケルティックムーン」）／はるかなる故郷（from「ファイナルファンタジー５ディア・フレンズ」）／親愛なる友へ（from PSCN-5009「ファイナルファンタジー５ピアノコレクションズ」）／Aria Di Mezzo Carattere(REMIX)（ORIGNAL MIX「ファイナルファンタジー６グランドフィナーレ」）／Rydia（from「ファイナルファンタジー４ケルティックムーン」）／SCENE II（from「交響組曲ファイナルファンタジー」）／ソング de チョコボ（UNRELEASED TRACK）／ファイナルファンタジー（PIANO VERSION）（UNRELEASED TRACK）

ポーション リラクシン ウィズ ファイナルファンタジー
POTION ～Relaxin' with FINAL FANTASY～（2001 DigiCube Co.,Ltd. SSCX-10051）

ポーション２ リラクシン ウィズ ファイナルファンタジー
POTION 2～Relaxin' with FINAL FANTASY～（2001 DigiCube Co.,Ltd. SSCX-10059 ）

とどかぬ想い (from 'Piano Collections IX')／遠い日々の名残り (from 'Love Will Grow')／GAIA (from 'Love Will Grow')／Once You Meet Her (from 'Pray')／Nao Chora Menina (from 'Pray')／はるかな故郷 (from 'Dear Friends')／Theme of Love (from 'Celtic Moon')／大森林の伝説 (from 'Dear Friends')／セリスのテーマ (from 'Piano Collections VI')／Fisherman's Horizon (from 'Piano Collections VIII')／Melodies of Life (from 'Piano Collections IX')／Love Will Grow (from 'Love Will Grow') [Bonus Track] Eyes on Me (Acoustic Guitar Version)

ファイナルファンタジー・ミックス
FF MIX

TINA(NEW VIEW SNOW RIMIX)／FRIENDS BEATS("DEAR FRIENDS"JEEP RIMIX)／MAIN THEME OF FINAL FANTASY IV (PHT STYLEE REMIX)／PROLOGUE....（ARRANGED VERSION）／THEME OF LOVE(ARRANGED VERSION)／THE ORIGIN(UNRELEASED TRACK)／RESTLESS MOMENTS(UNRELEASED TRACK）／THE SEA OF SILENCE(UNRELEASED TRACK)／MATOYA(SFC VERSION FROM FINAL FNTASY)／MOUNT OF SKY DRAGON(UNRELEASED TRACK)／OPENING IDEA-VERSION.2(UNRELEASED TRACK)／FLYING SHIP VERSION.2(UNRELEASED TRACK)／MAMBO DE CHOCOBO／THE PRELUDE CRYSTAL MIX(FINAL FANTASY MEGAMIX)／「FINAL FANTASY MEGAMIX」

VOCAL COLLECTION

ファイナルファンタジー ヴォーカル・コレクションズ「PRAY—祈り—」
FINAL FANTASY Vocal Collections [PRAY]（1994 NTT Publishing Co., Ltd.：廃盤）

Prelude／The,Promised,Land,（FF２メイインテーマ）／Mon,P'tit,Chat,（FF５思い出のオルゴール）／時の放浪者（FF６ティナのテーマ）／光の中へ（FF４愛のテーマ）／Esperanca,Do,Amor,（FF５親愛なる友へ）／Voyage,（FF３果てしなき大海原）／Au,Palais,De,Verre,（FF１マトーヤの洞窟）／Once,You,Meet,Her,（FF３水の巫女エリア）／Pray,（FFのテーマ）／Nao,Chora,Menina,（FF６街角の子供達）［歌：大木理沙］

ファイナルファンタジー ヴォーカル・コレクションズ２「Love Will Grow」
FINAL FANTASY Vocal Collections 2 [Love Will Grow]（1995 NTT Publishing Co., Ltd.：PSCN-5041）

Long Distance／悠久の風／Have You Ever Seen Me?／Valse des Amoureux[a newly written]／GAIA／遠い日々の名残／はるかなる故郷／Estrelas／神の揺り籠／Love Will Grow／Prelude[プレリュード]［歌：大木理沙 with 野口郁子］

ARRENGE / OTHERS

feel/Go dream Yuna & Tidus
feel / Go dream Yuna & Tieda（2001 DigiCube Co.,Ltd.：SSCX-10058）

1.feel（歌：青木麻由子）
2.Go dream（歌：森田成一）
3.Endless Love Endless Road（歌：青木麻由子&森田成一）
4.feel（Instrumental）
5.Go dream (Instrumental)
6.Endless Love Endless Road（Instrumental）

20020220 music from FINAL FANTASY
20020220 music from FINAL FANTASY（2002 DigiCube Co.,Ltd.）

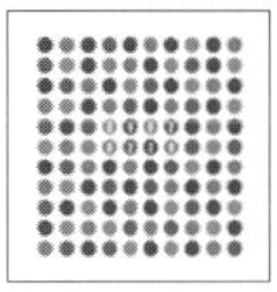

［DISC1/第１部］Tuning／Liberi Fatali【FF VIII】／愛のテーマ【FF IV】／MC-1／FINAL FANTASY I～III メドレー／MC-2／エアリスのテーマ【FF VII】／Don't be Afraid【FF VIII】／ティナのテーマ【FF VI】／MC-3／親愛なる友へ【FF V】／Vamo' alla Flamenco【FF IX】
［DISC2/第２部］／MC-1／ザナルカンドにて【FF X】／ユウナの決意【FF X】／MC-2／Love Grows【FF VIII】／素敵だね【FF X】／MC-3／いつか帰るところ～Melodies of Life【FF IX】／MC-4／片翼の天使【FF VII】／MC-5／The Man with the Machine Gun【FF VIII】／FINAL FANTASY

このディスコグラフィーはファイナルファンタジーのCDリリースされたものを資料として掲載しています。
発売元の都合などにより廃盤や再リリース時の商品番号変更など、メーカーの事情により一部掲載内容が異なる場合がありますのでご了承下さい。

ギター演奏の小楽典

INDEX
各部の名称

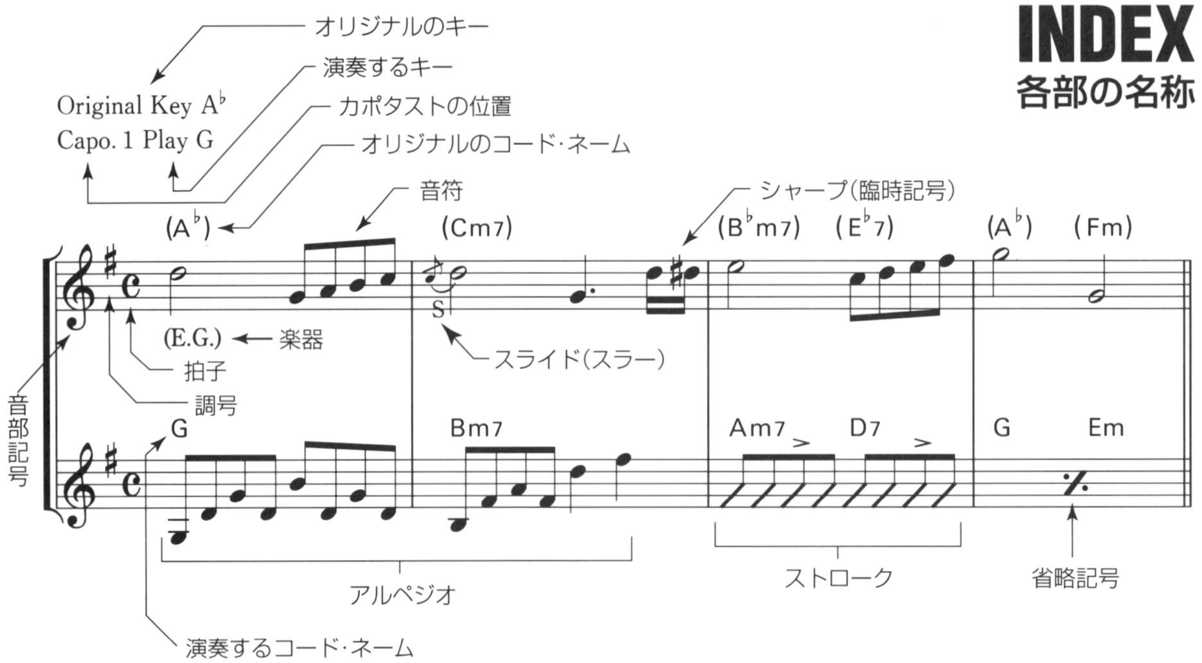

●ド・レ・ミ

★ド・レ・ミと押える位置を確かめましょう。

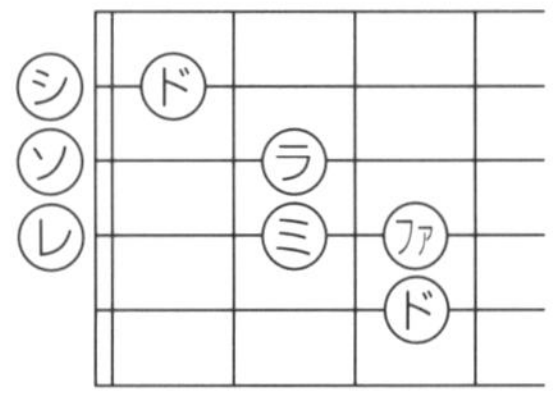

●シャープ・フラット・ナチュラル〔臨時記号〕

●音階と押えるフレット

★ローポジションでの音と押える位置を覚えて下さい。

★ド♯=レ♭(異名同音)

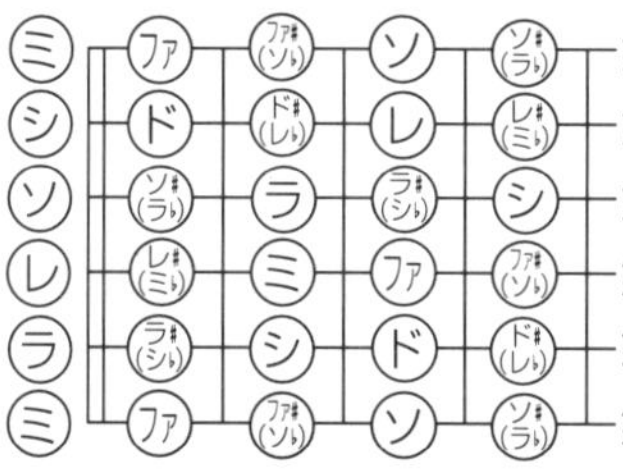

●ストローク

★ストロークは譜玉を使わない記譜が一般的です。
ピック又は指で弾きます。(↓=ダウン・ストローク/↑=アップ・ストローク)

〈8ビート〉

xは右手で弾いた直後に弦にふれ、「チャッ」という感じで音を切ります。

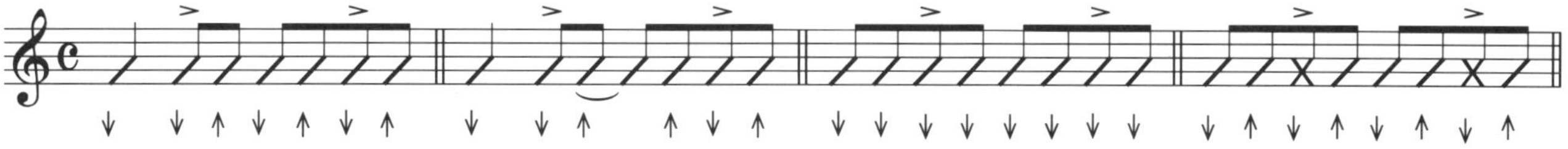

〈16ビート〉

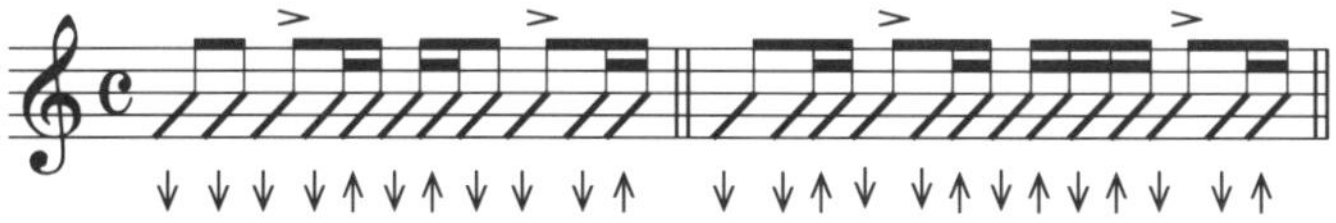

〈4ビート〉

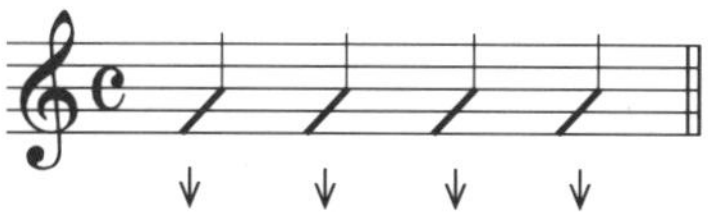

〈12ビート〉

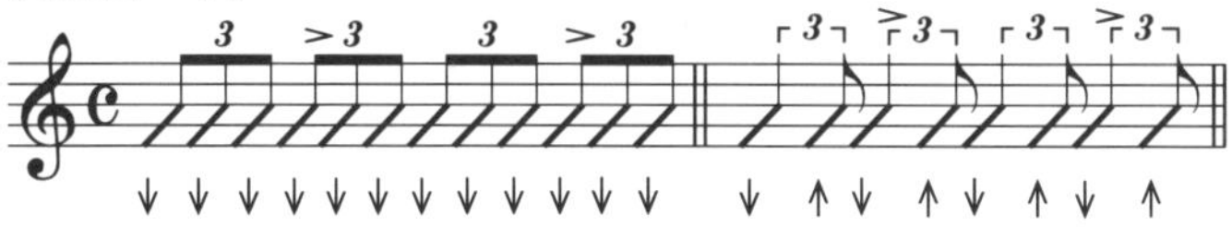

〈2ビート〉

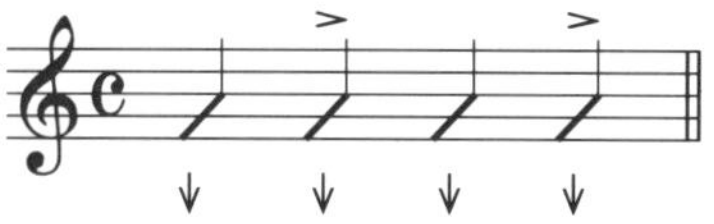

〈ワルツ〉

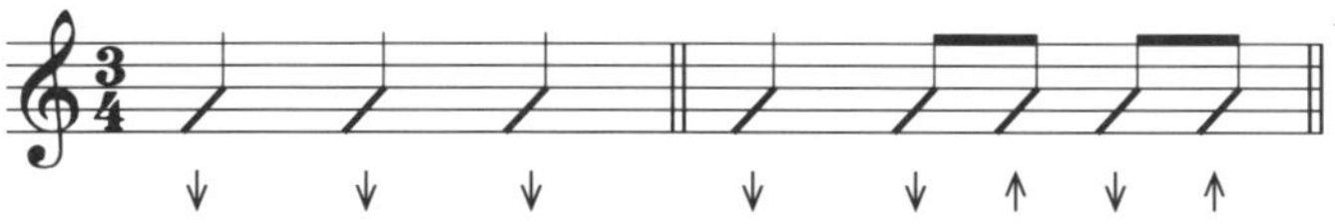

●アルペジオ

★和音(コード)を分散させて弾く奏法がアルペジオです。
基本的には指で弾きます。

〈アルペジオ奏法〉

〈スリーフィンガー奏法〉

左手と右手の記号

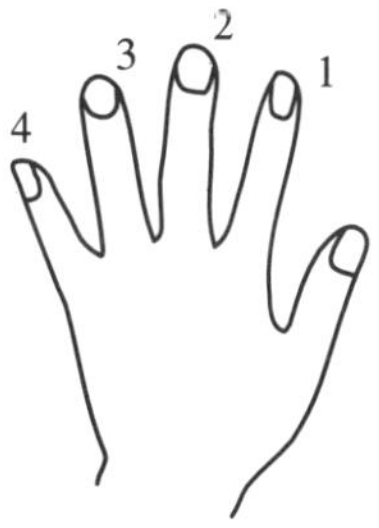

〔左手の記号〕

人差指 1
中　指 2
薬　指 3
小　指 4
開放弦 0

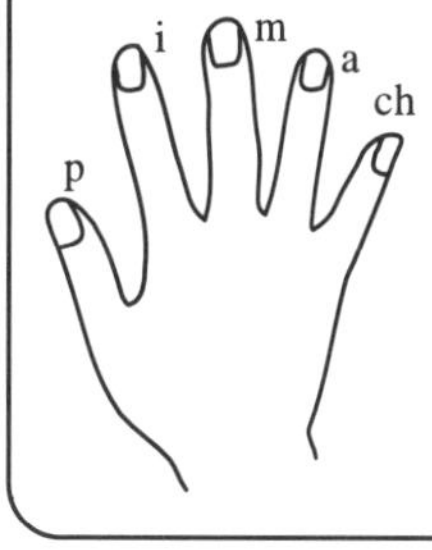

〔右手の記号〕

親　指 .... p (pulgar)
人差指 .... i (indice)
中　指 .... m (medio)
薬　指 .... a (anular)
小　指 ...... ch (chico)

特殊奏法

★ギターにはいろいろな奏法があります★

●スラー

★スラーとは“なめらかに”の意で、次のような弾き方が一般的です。

1 ハンマリング・オン(H.O.)

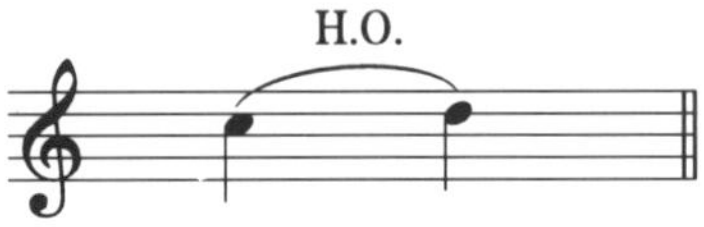

●左指で弦をたたくようにして音を出します。

2 プリング・オフ(P.O.)

●左指で弦をひっかくようにして音を出します。

3 スライド(S)又はグリッサンド(g)

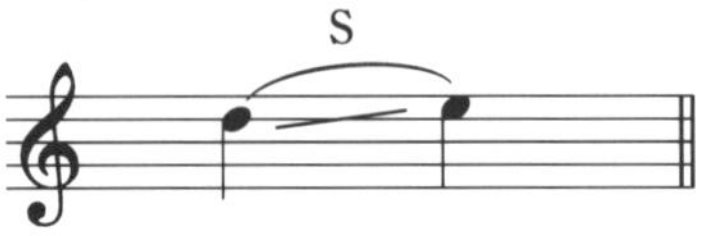

●左指を弦の上をすべらせて音を出します。

4 チョーキング(cho)又はベンド

●左指で弦を押し上げるようにして音を上げます。
(音を下げる場合はチョーキング・ダウン〔D〕といいます)

5 トリル(tr.)

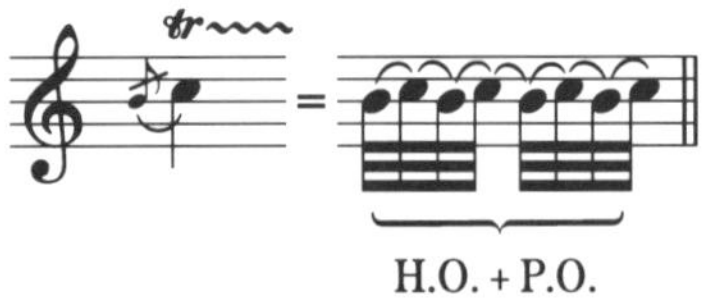

●装飾音としてよく使われます。 奏法としてはH.O.とP.O.の組み合わせになりますが、この場合は細く・速く弾きます。

●ハーモニックス(Harm.)

★大変美しい奏法で、弦の上に指を軽くふれて音を出します。 ハーモニックスはすべての弦で出せますが、ポジションは限られています。 12・7・5フレットがきれいに鳴らせます。

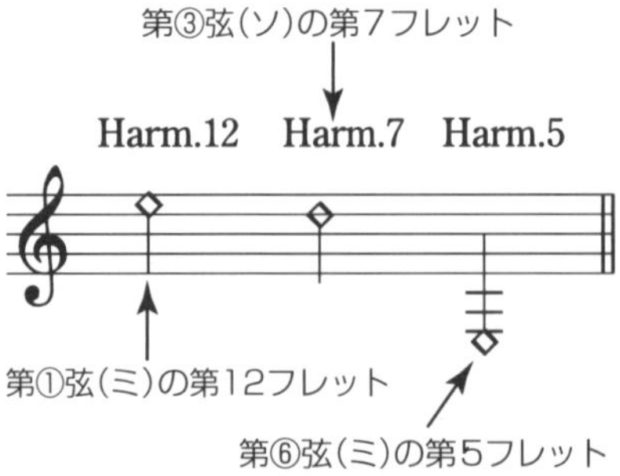

●ミュート(Mute)又はピッツィカート(Pizz.)

★ピッキングやアルペジオを弾くときに右手で弦にふれながら音をころしてプレイする奏法です。

●キー(調)とコード

★キーとはCメジャー(ハ長調)、Aマイナー(イ短調)などの調のことで、曲の調性を表わします。
すべてのキーと調号(♯・♭)の数、位置を確かめて下さい。

★この図は**5度圏(circle of fifth)**と呼ばれるもので、キーとそのキーにおけるコード進行などの関係がわかります。

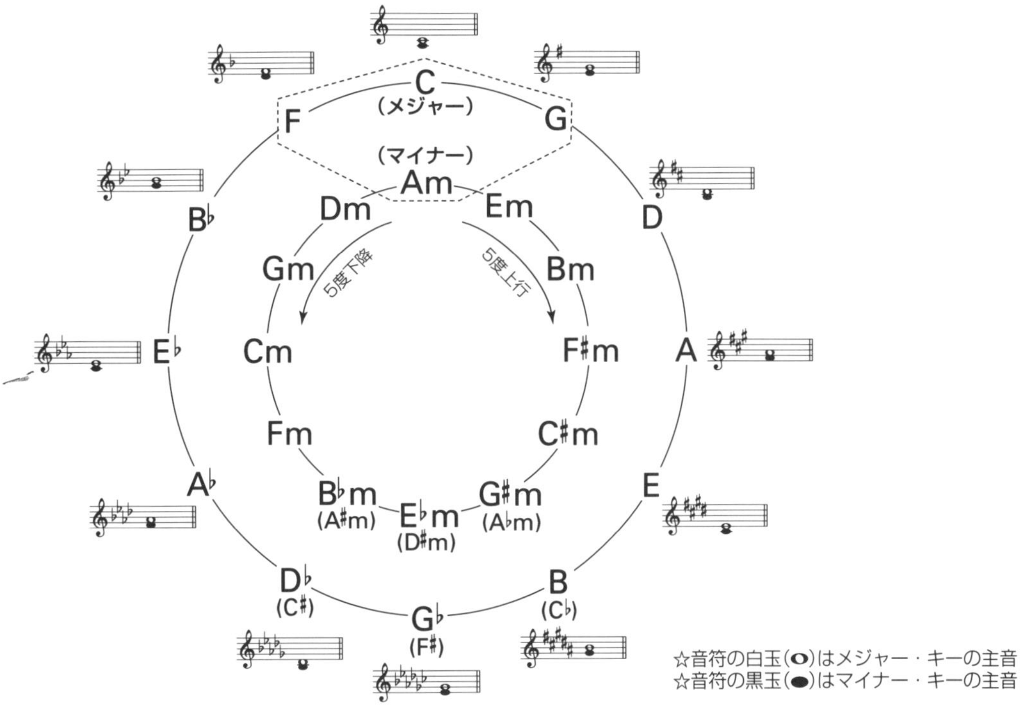

☆音符の白玉(○)はメジャー・キーの主音
☆音符の黒玉(●)はマイナー・キーの主音

●点線の内側の関係はCを基準としたときに最も密接な関係にあるコードを表わしています。キーCの時にはCを中心にAm・F・Gのコードはよく使われる重要なコードだということです。

〔基本的コード進行〕
C→Am→F→G7→C

キー・コード		よく使われるコード	基本的コード進行
G		C G D Em	G→Em→C→D7→G
D		G D A Bm	D→Bm→G→A7→D
A		D A E F♯m	A→F♯m→D→E7→A
E		A E B C♯m	E→C♯m→A→B7→E
F	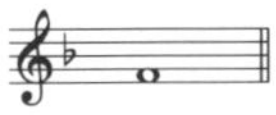	B♭ F C Dm	F→Dm→B♭→C7→F

●カポタスト(Capo.)

★カポタスト(カポ)は歌の伴奏をする時や、キーを変えたい時などに役立ちます。 楽譜に指定がある場合には、指定のフレットにカポをつけるとオリジナルと同じキーでの演奏ができます。

●各プレイ・キーにおけるカポタストをつける位置とその時のキー

Capo フレット / Play Key	1	2	3	4	5
C	C♯(D♭)	D	D♯(E♭)	E	F
G	G♯(A♭)	A	A♯(B♭)	B	C
D	D♯(E♭)	E	F	F♯(G♭)	G
A	A♯(B♭)	B	C	C♯(D♭)	D
E	F	F♯(G♭)	G	G♯(A♭)	A
F	F♯(G♭)	G	G♯(A♭)	A	A♯(B♭)

【例1】 Key Gで演奏してカポを4フレットにはめると、その時のキーはBになる。
【例2】 友人から「この曲はG♯で弾いてよ」と言われたが、自分はこの曲の場合Fで覚えているのでカポを3フレットに付けて演奏してあげた。

★表はメジャー・キーで書かれていますが、マイナー・キーの時も同様です。

TAB譜付

FINAL FANTASY

GUITAR SOLO COLLECTION

ファイナルファンタジー●ギター・ソロ・コレクション

Music by Junya Nakano, Masashi Hamauzu and Nobuo Uematsu
Guitar Arranged by Nobuyuki Hirakura
Special Thanks : SQUARE ENIX CO., LTD.

Making Fair Copy : Craftone
Art Direction : NOBU
Cover Design : Chie Hiraide
Editorial Supervisor : Nobuhiro Ishikawa
Editors : Yukiko Kiyono / Jun Sasaki
Publisher : Kenichiro Yasunaga
Authorized Selling Agent : Doremi Music Publishing Co., Ltd.
Buisiness Staff / 3-38-23 Takada, Takada Heights 1F, Toshima-ku, Tokyo, 171-0033
Tel.03-3985-5031 Fax.03-3988-6681
Editorial Staff / 3-36-4 Takada, Creative Box Bldg. Toshima-ku, Tokyo, 171-0033
Tel.03-3988-6451 Fax.03-3988-8685
Internet Address [Home Page] http://www.doremi.co.jp/ [E-Mail] faq@doremi.co.jp

SQUARE ENIX Official Site
http://www. square-enix. co.jp/

監修：株式会社スクウェア・エニックス

作曲者：植松伸夫（うえまつのぶお）／仲野順也（なかのじゅんや）／浜渦正志（はまうずまさし）
採譜アレンジ：平倉信行（ひらくらのぶゆき）

発行日：2002年5月30日初版発行
2005年3月30日第4刷
発行人：安永憲一郎
発行所：株式会社ドレミ楽譜出版社
［営業部］〒171-0033 東京都豊島区高田3-38-23 高田ハイツ1F
Tel.03-3985-5031 Fax.03-3988-6681
［編集部］〒171-0033 東京都豊島区高田3-36-4 クリエイティヴ・ボックス・ビル
Tel.03-3988-6451 Fax.03-3988-8685
振替口座：00130-0-84424
ホームページURL http://www.doremi.co.jp/
ISBN4-8108-7357-9
定価（本体1600円十税）

JASRACの
承認に依り
許諾証紙
貼付免除

JASRAC 出 0201768-504
（許諾番号の対象は当該出版物中、当協会が許諾することのできる著作物に限られます。）